U0052561

哲學演講錄

吳 怡 著

東大圖書公司

國家圖書館出版品預行編目資料

哲學演講錄／吳怡著.－－四版一刷.－－臺北市: 東
大, 2015
    面; 公分
ISBN 978-957-19-3108-1　(平裝)
    1.中國哲學 2.文集

120.7   104007988

©　哲學演講錄

著 作 人	吳　怡
發 行 人	劉仲文
著作財產權人	東大圖書股份有限公司
發 行 所	東大圖書股份有限公司
	地址　臺北市復興北路386號
	電話　(02)25006600
	郵撥帳號　0107175-0
門 市 部	(復北店) 臺北市復興北路386號
	(重南店) 臺北市重慶南路一段61號
出版日期	初版一刷　1976年2月
	四版一刷　2015年5月
編　　　號	E 100140

行政院新聞局登記證局版臺業字第〇一九七號

有著作權‧不准侵害

ISBN　978-957-19-3108-1　（平裝）

http://www.sanmin.com.tw　三民網路書店

四版自序

　　三民書局編輯部來函邀我為《哲學演講錄》一書的四版，寫一篇「新序文」，這本書出版於一九七六年，至今已有三十五年之久，我自己也早已忘了作過一些什麼演講。於是順便把該書再打開一看，原來初版根本沒有序文。也許當時認為都是些散篇的講詞，沒有整體的主旨，也就偷個懶，不寫了。所以這篇「新序文」，既沒有舊序，也就無所謂新序，也許是補上三十五年前，欠讀者的一篇序文吧！

　　三十五年前，我演講的對象，多半是大學生，至今，很多人都已退休了。這本書的第四版，面對的讀者，卻是新新人類。如果以同樣的題目，再作一次演講，我不知道是否要學電視節目上的名嘴，多加些佐料，才能引起他們的胃口。

　　不過有件事令人欣慰，我有一位學生也是管理學的博士，他回中國後，在北京舉辦了一個領導力培訓班。參加的學員都是經理階層人士，他曾提到我所引證張橫渠的四句話：「為天地立心、為生民立命、為往聖繼絕學、為萬世開太平。」據說這些學員聽了後都非常感動，於

是他也就樂此不疲的，常以這四句話作為現代領導者的自勉。可見傳統中國哲學裡還是有些東西，是歷久常新的。但願第四版的讀者們，也能在本書中，找到一些他們需要的精神食糧。

吳　怡

謹識於美國加州整體學研究院

哲學演講錄

四版自序

中國哲學的特色和精神　　　　　　　　1

中國哲學的任務　　　　　　　　　　　37

中華道統與國父的哲學思想　　　　　　87

禪學的四個特色與四種障礙　　　　　　105

中國禪的教育精神　　　　　　　　　　115

從文字談禪　　　　　　　　　　　　　133

怎一個「情」字了得　　　　　　　　　145

哲學的人生觀　　　　　　　　　　　　155

大學生的人生觀　　　　　　　　　　　169

使哲學影響人生的四大工夫　　　　　　181

中國哲學的特色和精神

一、中國哲學的三大特色

㈠妙樂性

中國哲學是以人類的幸福為前提，因此它所追求的當然是人生的快樂，而不是痛苦。

在此處，我不用快樂，而用妙樂兩字，是因為快樂兩字常和肉體上的享樂有關，而妙樂兩字雖出自於佛家，但卻是指內心的一種舒適境界，所以也可包括了儒家的悅樂（吾師吳經熊博士曾寫過一篇〈儒家的悅樂精神〉）和道家的至樂。

關於中國哲學的這一特性，我們可從儒、道、佛三家思想中看出：
《論語》開宗明義第一章的三句話：

> 學而時習之，不亦悅乎，有朋自遠方來，不亦樂乎，人不知而不慍，不亦君子乎。（〈學而〉）

便揭出了求學之樂，交友之樂，以及不求人知之樂。編《論語》的孔門弟子之所以把這三句話放在開端，顯然不是隨便的，因為這三句話正是為學、做人、處事的起點，也是總原則。這三句話有一個共同的

特色就是「樂」字，而這個「樂」字正寫出了孔子的整個人生旨趣。試看孔子一再的強調：

> 飯疏食，飲水，曲肱而枕之，樂亦在其中矣！（〈述而〉）
> 知之者，不如好之者，好之者，不如樂之者。（〈雍也〉）
> 其為人也，發憤忘食，樂以忘憂，不知老之將至云爾。（〈述而〉）

從這些話中都可看出孔子對「樂」的推許，以及他自己在素樸的生活中所體驗到的無窮樂趣。他曾讚美顏回說：

> 賢哉回也，一簞食，一瓢飲，在陋巷，人不堪其憂，回也不改其樂。（〈雍也〉）

顏回之所以為孔子賞識，就在於他那不改其樂的一個「樂」字，這裏的「樂」顯然不是肉體上享受的快樂，因為一簞食，一瓢飲，在陋巷，可說是物質生活窮困到了最低的限度，那裏還有享受的快樂可言？所以這裏的「樂」指的是心境，由「不改」兩字，可以看出顏回的心境是活在樂中，是進入了永恆之樂。

孔子的這個「樂」字，傳給了顏回，也傳給了孟子。孟子曾說：

> 萬物皆備於我矣，反身而誠，樂莫大焉。（〈盡心上〉）

又說:

> 君子有三樂，而王天下，不與存焉，父母俱存，兄弟無故，一
> 樂也。仰不愧於天，俯不怍於人，二樂也。得天下英才而教育
> 之，三樂也。（〈盡心上〉）

孟子的這三樂，是指的倫常之樂，心安理得之樂，及教育英才之樂。

孔孟所談的樂，都是就人生經驗上來說的，到了後來的王陽明，
更把這個樂字，提昇到形而上來論，如他所說:

> 樂是心之本體，仁人之心，以天地萬物為一體，訢合和暢，原
> 無間隔。

由於此心與天地萬物為一體，所以孟子因實證到「萬物皆備於我」而
樂，孔子也以仁者之心上下與天地同流而「不憂」。

道家思想也是追求妙樂的。只是他們的樂多偏於素樸恬淡之樂，
如老子說:

> 小國寡民……甘其食，美其服，安其居，樂其俗，鄰國相望，
> 雞犬之聲相聞，民至老死不相往來。（八十章）

這段話常被後人誤作是老子歌頌上古社會，是退化落伍的，其實這是

描寫超脫欲望的一種心靈滿足的境界。

由於這種真樂的滿足，所以他能看輕外在的享受之樂，他說：

> 眾人熙熙，如享太牢，如春登臺，我獨泊兮，其未兆，如嬰兒
> 之未孩，儽儽兮，若無所歸。……澹兮其若海，飂兮若無止。
> （二十章）

這「澹兮其若海，飂兮若無止」兩句話，正寫出了他心境的一片淡泊
和諧之樂，所以才不受外在物欲的影響。

莊子繼承了老子這種態度，更加以發揮。他第一篇文章叫〈逍遙
遊〉，就是寫「乘天地之正，御六氣之變，以遊無窮」之樂。第二篇〈齊
物論〉，就是寫從「知」上以打破世俗的生死、是非、成毀的執著，而
有「天地與我並生，萬物與我為一」之樂。第三篇〈養生主〉，就是寫
安時處順，哀樂不能入的內心的永恆寧靜之樂，最有趣的是〈人間世〉
篇中關於葉公子高的一段故事，據說葉公子高奉命出使於齊，但心存
恐懼，深怕事不成的話，將受君主的責備；事如成的話，自己一路擔
心，精神消損得也差不多了。所以當他早晨接到任命時，晚上便拚命
喝冰水，可見內心的焦熱。因此他便去請教孔子，孔子（其實是莊子
假託的）說：

> 是以夫事其親者，不擇地而安之，孝之至也。夫事其君者，不
> 擇事而安之，忠之盛也。自事其心者，哀樂不易施乎前，知其

不可奈何而安之若命，德之至也。為人臣子者，固有所不得已。

行事之情，而忘其身，何暇至於悅生而惡死。夫子其行，可矣。

這是說處世之道只求其心之所安，對於「知其不可奈何」之事，只有安之若命。而對於自己職責所在，也應盡其在我，這樣便能無入而不自得了。

　　至於佛家，其源頭本來自於印度文化。由於印度思想偏於苦觀，所以「樂」的方面論得不多。佛學到了中國後，由於中國文化的淨化過濾，逐漸形成了中國特殊的禪宗思想，完全脫胎換骨，化印度佛學的苦觀為中國佛學的樂觀。所以禪宗六祖的一句警語即是「煩惱即菩提」。在印度佛學中，始終把菩提看作高高在上的道，是在彼岸的，而此岸的人生，是煩惱的，但禪宗卻打通了此岸與彼岸，認為只要能悟，此岸就是菩提。所以禪宗著重現世，認為人間自有樂境，正如他說：

佛法在世間，不離世間覺，離世覓菩提，恰如求兔角。（《六祖壇經・般若品》）

菩提只向心覓，何勞向外求玄，聽說依此修行，天堂只在目前。（《六祖壇經・決疑品》）

禪宗大師們認為我們雖然身在世間，只要我們的心不染著，這世界的一切便是美麗的樂園。如雲門禪師說：

日日是好日。

無門和尚也說：

> 春有百花秋有月，夏有涼風冬有雪，
> 若無閒事掛心頭，便是人間好時節。

㈡道統感

在談到中國哲學的第二個特色——道統感之前，我們先對道統兩字略為分析一下，最早提出道統兩字，而加以系統發揮的，要推朱熹了，他在《中庸章句·序》一文中曾說：

> 〈中庸〉何為而作也，子思子憂道學之失其傳而作也，蓋自上古聖神，繼天立極，而道統之傳有自來矣。

雖然朱子在這裏很明白的指出道統的傳承，其實在朱子之前，韓愈在〈原道〉一文中，也說得很明白：

> 堯以是傳之舜，舜以是傳之禹，禹以是傳之湯，湯以是傳之文武周公，文武周公傳之孔子，孔子傳之孟軻。

其實，這個道統既然在堯舜禹湯文武周公孔子孟子時已經在那裏一脈相傳，可是為什麼堯舜禹湯他們不提道統兩字，而要到韓愈才把他們貫串起來（按國父對韓愈「博愛之謂仁」的話很欣賞，可見國父所提堯舜禹湯文武周公道統的說法，可能也是受到韓愈的影響），到了朱熹才提出道統的理論來呢！這是因為以前只有本土文化的發展，我們「不知廬山真面目，只緣身在此山中」，自己沒有感覺出來，直到唐宋間，由於佛學的大量發展，而佛學思想出自印度，許多觀念方面都和中國固有的信仰格格不入，由於這一比較，使得我們的道統精神便顯露了出來，所以宋明的學者們，幾乎個個都以道統的維護者自居。這種以道統的維護者自居的態度就是我所謂的道統感。

中國哲學的道統感，來自兩個方面：一是哲學本身為一種救世主義；一是讀書人都自覺的具有使命感。

當西洋哲學家們正興高采烈的研究宇宙的根本元素是水，是氣，是火的時候，中國的哲學家們卻早已舌疲唇焦的在宣揚他們如何安邦定國，如何謀求大同的救世主義。當然以禮樂傳家的儒生們，不用說是敲著木鐸去周遊列國，以大禹為祖師的墨教徒們，不用說是曬脫了頭皮、磨光了腳肚，去為人群服役；就是那公開提倡「為我」的楊朱，自隱無名的老子，逍遙物外的莊子，又何嘗不是身在山林，心存斯民；否則，楊朱也不必背著「為我」的十字架，受別人的誤解；老子也不必寫下五千言的《道德經》，以宣揚「聖王之治」；莊子更不必使盡文學的技巧，用寓言來諷喻人生了。再說佛學，本是四大皆空，五蘊無我，但他們之所以空門獨守，也無非是為了延續那點光明的聖火，以

照亮痛苦的人間。這一救世的熱潮，漸漸的便匯成了中國哲學的道統。這一道統，雖然被隋唐以後的儒者當作儒家的血脈，來排斥佛老；但在救世的旗幟下，這一道統卻是諸子百家所共沐的。

由於這一道統的薰沐，使中國的讀書人不僅對國家民族，而且對世界人類、宇宙萬物，都自覺的具有一種使命感。

孔子說：「士不可以不弘毅，任重而道遠，仁以為己任。」這是讀書人求道的抱負。孟子深受其影響，在他不得志而離開齊國時，便感慨而又驕傲的說：「夫天未欲平治天下，如欲平治天下，當今之世，舍我其誰也。」後來文天祥被元兵所擄，臨刑前在衣帶上也寫著：「孔曰成仁，孟曰取義，唯其義盡，所以仁至，讀聖賢書，所學何事，而今而後，庶幾無愧。」

這「任重道遠」，這「舍我其誰」，這「庶幾無愧」等字，便充分的寫出了中國讀書人的使命感。宋代的張橫渠曾把這一使命感歸納為四句話：

為天地立心
為生民立命
為往聖繼絕學
為萬世開太平

這短短的二十二個字，可說是中國思想的心傳，中國哲學家共同的心願，也就是中國讀書人一脈相傳的道統感。

(三)境界美

中國哲學不是在走純知識的路，它是智慧的，生命的，藝術的，因此它具有境界之美。

中國原無境界兩字，它是來自於印度佛學的，在般若中即有境界般若的名稱。後來王國維在《人間詞話》中，把境界用在文學上，有所謂「有我」之境，「無我」之境。

現在我們用境界兩字，都是指智慧的一個層次，一種表現，而這個最高的層次，最高的境界，也就是道的層次，道的境界。

莊子說：「道未始有封。」也就是指道是渾然一片，而無分界的。同樣佛學的般若，也是「不分別」的，所以道的一大特性，就是渾同一體。這種特色用哲學的術語來描寫，就是天人合一，物我同體的境界。

這種境界之所以美，就是在於它打通了天人和物我。試舉一例，假定我們去郊外欣賞風景，像我們逛鬧區一樣，到處是單行道，到處掛著此路不通的牌子，到處都是障眼的建築物，這樣，還有什麼美感可言。自然之所以美，就在於一望無際，毫無遮攔，沉醉其中，和天地萬物打成一片，完全忘了我的存在，正如陶淵明所描寫的：「採菊東籬下，悠然見南山。」他和南山之間，毫無間隔。這才是一種美的境界。

在西方的哲學中，天和人始終是站在高低的兩個不同層面上，不是重天抑人，如中古哲學，便是重人抑天，如近代哲學。因此不是過分推崇天，而壓低了人的意義和價值，使人變得渺小、缺陷。不然就是過分誇張人的力量，大喊上帝死了。中國的哲學卻不然，我們的天

人合一，是把人提昇上來，和天打成一片。〈中庸〉上說：「天命之謂性。」這是說我們的性，原是天賦的，當然是至善的，所以率性，才能為道。在中國哲學裏，最高境界的聖人、至人、真人、神人，可以說都是一種人，而這種人和普通人不同的是，他已擺脫了獸性，進入了神性。

由於人能擺脫了獸性，因此也就能擺脫物欲，這樣人性打開了向上一路，便能與天同體。

在西方文化中，人和物也是分成了兩個層次，他們對物的態度總是把物看作低一等，是無靈性的，是一種分子的結構，因此要分析它、征服它、利用它。這樣人與物發生了間隔，很難融合在一起。中國哲學卻不然，我們在向上提昇入天的當兒，同時也把物提昇了上來，俗語常說：「一人成仙，雞犬登天。」這雖然是被後人誤解為自己做了官，他的那些親朋友戚都蒙受其利，其實這個故事是道教的《神仙傳》中，描寫黃帝乘龍仙去，雞犬也都跟著登天，這正說明了中國人不卑視人以外的生物，對於雞犬都有情感，正是儒家所說的「民胞物與」、「仁民而愛物」的胸懷。我們是把物當作同類，以愛人之心去愛物的。這裏的愛物並不是以利用眼光的愛惜萬物，而是站在「物我同類」心境上的一體之仁。莊子便有「萬物與我為一」的話，認為我是萬物中的一員，變鼠肝、變蟲臂，都任運自化，毫不介意，周濂溪不剪庭前雜草，就是因雜草與自家生意相同，到了王陽明，更就性體上來看，他曾說：

大人者，以天地萬物為一體者也，其視天下猶一家，中國猶一
人焉。若夫間形骸而分爾我者，小人矣，大人之能以天地萬物
為一體也，非意之也，其心之仁體本若是。(〈大學問〉)

不僅儒家的愛物，而道家的物化，佛家的平等也都是如此的，禪
宗有一首詩偈：

高坡平頂上，盡是採樵翁，
人人盡懷刀斧意，不見山花映水紅。

這首詩說明了你對萬物如懷刀斧之意，只想到利用，只想到對我有益，
這個世界還有什麼美感可言,就同一位毫無性靈的科學家到了自然界,
他只看到這棵樹堅硬，可以製造，那裏還有欣賞的情趣呢？

我之所以強調境界美，是因為人唯有能上和天，下和物打成一片，
他生活在這個世界上，才是生機活潑，詩情畫意的，所以中國哲人的
思想情趣都從詩畫中表現了出來。

相反的人與天隔離，人與物分道，於是人便孤立了起來，正如近
代悲觀的叔本華以及自尼采以來的許多存在主義者，把人和天，人和
物孤立開來，使人上不及天，下不及地，而拚命要追求自我的存在，
所得到的只是死亡、嘔吐，還有何美感可言？

所以我說中國哲學有一種天人合一，物我同體的境界之美，這在
西方哲學上，雖不敢說沒有，至少是很欠缺的。

二、三大特色背後的三大精神

　　妙樂、道統和境界，都是一種智慧的高度表現，但要達到這個目標，卻不是憑空可得的，而是必須經過不斷的磨練和下工夫的，所以我在介紹了前面的三大特色後，再強調這三大特色背後的三大精神：

(一)妙樂生於憂患

　　中國哲學雖然具有妙樂性，但這種妙樂，卻不是自我的陶醉，也不是白日的癡夢，而像蓮花一樣，是栽在污泥之中的。

　　中國哲學裏的妙樂，是生於憂患。

　　這憂患兩字，最早見之於《易經‧繫辭下》傳七章：

> 《易》之興也，其於中古乎，作《易》者，其有憂患乎！是故履，德之基也。謙，德之柄也。復，德之本也。恆，德之固也。損，德之修也。益，德之裕也。困，德之辨也。井，德之地也。巽，德之制也。

　　這段話中提出憂患兩字，並接著寫下了〈履〉、〈謙〉、〈復〉、〈恆〉、〈損〉、〈益〉、〈困〉、〈井〉、〈巽〉等九卦。當然〈繫辭傳〉作者之所

以用這九卦來寫憂患精神，顯然是有其深意的。

〈履卦〉是寫我們雖處於「履虎尾」的凶險環境中，只要循禮而行，「履道」便能坦坦。

〈謙卦〉是寫一謙而有四益，只要我們能行謙，則無往而不利，所以此卦六爻皆吉。

〈復卦〉是寫一陽初動，表示現在雖處於憂患之中，但靜極則動，否極自然泰來。

〈恆卦〉是寫憂患的環境是變幻無窮的，我們應把握其不變之理，以不變應萬變。

〈損卦〉是寫處憂患時，應損人欲，以度時艱。

〈益卦〉是寫處憂患時，應知發憤，日進無疆。

〈困卦〉是寫處憂患時，有言不信，但也不求人知，只要不更其平生所守，自能渡過難關。

〈井卦〉是寫處憂患時，其德如井，雖不求人知，但別人向我求取時，卻井口常開，井水常注，養人而不窮。

〈巽卦〉是寫處憂患時，要順乎中正之道而行，才能轉危為安，化憂為樂了。

以上從九個卦的簡釋中，可知〈繫辭傳〉作者認為作《易》者雖有憂患，但並沒有陷入憂患而不能自拔，相反的，處憂患時，要能「履」禮，守「謙」，知「復」，體「恆」，明「損」「益」，安「困」求通，其德如「井」之養人，其心「巽」乎中正以制宜，則必能轉憂患為安樂。

《易經》這種憂患精神，影響以後的儒道兩家思想極深。

孔子曾明白的說過：

> 德之不修，學之不講，聞義不能徙，不善不能改，是吾憂也。
> (〈述而〉)

他又曾說：

> 君子憂道不憂貧。(〈衛靈公〉)

可見孔子所憂者，為三事，如果套用孟子三樂的口氣來說，該是：君子有三憂，而個人之生死困窮不與存焉。道之不行，一憂也，德之不修，二憂也，學之不講，三憂也。所以孔子儘管阨於宋，困於陳蔡，他都不在乎。而一心所憂患者，完全在於道之是否能行，德之是否完美，以及學術之是否能發揚，孔子之所以栖栖皇皇者即在於此。

至於孟子也和孔子同一憂患，他曾說：

> 是故君子有終身之憂，無一朝之患也。乃若所憂則有之，舜人也，我亦人也，舜為法於天下，可傳於後世，我由未免為鄉人也，是則可憂也，憂之如何，如舜而已矣，若夫君子所患則亡矣。非仁無為也，非禮無行也，如有一朝之患，則君子不患矣。
> (〈離婁〉)

可見孟子所憂患者，仍然為了自己之不能承擔道統，並非個人之得失。所以他耿耿於懷者，在於楊墨之言盈天下，使得儒道不能發揚。

再看道家思想，也是充滿了憂患的意識。

《老子》一書是成於春秋至戰國時期，那時候正是一個憂患的時代，胡適先生曾以「革命家」三字來稱呼老子，雖然並不甚適合，但老子思想中政治的問題極為重要，卻是事實。我曾以為《老子》一書是君王治世之書，其中到處都在談聖王之治，聖人之治。所以老子的心願是和孔子相同的。老子說：

> 寵辱若驚，貴大患若身，何謂寵辱若驚，寵為上，辱為下，得之若驚，失之若驚。（十三章）
>
> 殺人之眾，以悲哀泣之，戰勝以喪禮處之。（三十一章）

可見老子也有所憂患，老子憂患的是名利纏身，所以說「寵辱若驚」；以及戰爭的痛苦，所以主張息欲以止戰。可見他對人類前途的憂慮也是和儒家相同。

至於莊子雖然偏於生命的解脫，但他的憂患意識也極為尖銳，他曾說：

> 一受其成形，不亡以待盡，與物相刃相靡，其行盡如馳，而莫之能止，不亦悲乎，終身役役而不見其成功，薾然疲役，而不知其所歸，可不哀邪！人謂之不死奚益，其形化，其心與之然，

可不謂大哀邪！（〈齊物論〉）

從這段話中可見莊子所憂患者雖為死亡，但並不是斤斤於肉體的死亡，而是精神的消沉。

以上我們已簡略談過儒道兩家的憂患意識。在這裏要提出一個問題，既然儒道兩家精神是妙樂的，可是何以又有憂患呢？這問題正問中了中國思想的第一大精神，就是妙樂生於憂患，唯其有憂患，才有妙樂，也唯其憂患愈深，而妙樂的境界亦愈高。

首先拿儒家思想來說：

《論語》開端的三句話：

學而時習之，不亦悅乎，有朋自遠方來，不亦樂乎，人不知而不慍，不亦君子乎。

學而時習，為什麼有悅呢？重點就在這個「時」字上，在學的過程中，一定遭受到不少的挫折與磨鍊，但仍然不斷的學習，像小鳥學飛一樣，到了有一天，功夫成熟，所學的能用得出來，自然是喜悅不已了。再說有朋自遠方來，為什麼有樂呢？因為朋友天天見面，當然不稀奇，唯有天涯各一方，尤其是古代，不像今日雖然隔得很遠，仍然三兩天可通消息，但在古代交通不便，像陝西與江蘇就認為是絕國，像河北與河南就認為千里迢迢，不可及，所以江淹的〈別賦〉中一開頭便說：

　　黯然銷魂者，唯別而已，況秦吳兮絕國，復燕宋兮千里。

由於古代交通不便，生離往往形同死別，所以相思之深似同隔世，有一天忽然相見，自然快樂無比了。再說自己懷才不遇，當然是不好過的事，可是自己不為名所苦，也不求人知，此時心境寬坦，自然其樂無窮了。

　　由以上可知唯有經過憂患，才能產生妙樂。正是孟子所謂的「生於憂患，死於安樂。」

㈡道統在於日新

　　一提到道統，許多人都誤以為道統即是傳統。由傳統，再加以引申而為過去的；由過去的，再引申為過了時的，於是便把道統看作過時了的思想觀念，認為它是不合現代化要求的。

　　今天很多人都喜歡把傳統和現代化對立。好像傳統就是過去，就不是現代化。其實什麼是「傳」？「傳」就是由古代傳下來的一切思想觀念、風俗習慣，而且必須能傳到今天，否則便不能算作「傳」，如小腳、太監等習俗都只能稱過去，而不能稱為傳統。但什麼是「統」呢？統有兩義，一方面是直承的，也就是說它對過去的有所承接，一方面是橫貫的，也就是說它在今天尚有其普遍性。譬如說今天還有一個人喜歡紮小腳，歌頌小腳，並不能說是傳統，因為那只是他個人的怪癖罷了，必須大多數人仍然有此習慣，才能稱為傳統。所以傳統不是死於過去的。它和現代化不是截然對立的。

　　當然傳統既然包括了過去直傳到現在，仍然為許多人信守的思想觀念，風俗習慣的話，那麼傳統中自然有好的，也有不好的，好的可以發揚，不好的也可以修正。

　　在傳統中，屬於好的，可以發揚的一面，即是道統之所在。

　　中國哲學裏對於這個道字，標義甚高。〈繫辭傳〉上所謂：

　　　　形而上者謂之道。

這個道字雖然較為抽象，但〈說卦傳〉上又說：

　　　　立天之道，曰陰與陽，立地之道，曰柔與剛，立人之道，曰仁
　　　　與義。

天道的陰陽是生化原則，地道的柔剛是成物原則，人道的仁義是人際原則。所以這個道即是宇宙萬物生存發展的原則。所以中國道統也就是過去到今天，我們民族生存奮鬥，一貫相承的原則。

　　由於這個原因，所以道統不是過時的、陳舊的，而是日新又新、萬古常新的。

　　在中國道統的哲學裏，求新也是它的一大目標，如〈大學〉中說：

　　　　湯之〈盤銘〉曰：「苟日新，日日新，又日新」，〈康誥〉曰：「作
　　　　新民」，《詩》曰：「周雖舊邦，其命維新」，是故君子無所不用

其極。

〈大學〉中引湯之〈盤銘〉，引〈康誥〉，引《詩經》，正可以代表堯舜禹湯文武周公的這一道統。而在這一道統中，都是在追求日新、新民、維新的。

真正對「新」字加以哲理的研究，而有一套應變方法的卻是《易經》一書。因為《易經》講變易，就是在講新，《易經》講應變方法，就是在求新，這個新字在《易經》中雖然只出現了三次！

大畜，剛健篤實輝光，日新其德。（〈大畜象辭〉）
富有之謂大業，日新之謂盛德，生生之謂易。（〈繫辭上〉五章）
鼎取新也。（〈雜卦〉）

其實《易經》所有的卦都在求新，因為《易經》的卦都是歸納了過去的經驗，由這些過去的經驗，以了解未來的情況，正是〈繫辭傳〉上所謂的：

神以知來，知以藏往。

知來就是求新，應付新。

值得我們注意的是〈繫辭傳〉在「日新之謂盛德」下面，接著說「生生之謂易」。可見《易經》之所以能日新，就是由於易道是生生不

已的，「生生」的第一個生是創生，第二個生是發展。《易經》中以乾坤兩卦為門戶，乾代表生物，坤代表成物，由於這創生和發展的不斷相續相推，使整個宇宙人生才永遠的綿延不絕，萬古常新。

由此可見中國道統哲學中的這個道是宇宙生化的動力，是永遠的生生不已，新新相益的。

很多人常誤解孔孟的思想是守舊的，是述而不作的。其實孔子對舊有文化的愛好，乃是吸取其經驗以應付新的問題，正如他所說「溫故而知新」，所以他是以述為作，他的刪《詩》《書》，都注入了時代的意義和精神。他這種態度是來自於《易經》的，如《論語·子罕》篇上的記載：

> 子在川上，曰：逝者如斯夫，不舍晝夜。

此一章，朱子解釋說：

> 天地之化，往者過，來者續，無一息之停，乃道體之本然也。（《四書集註·子罕》篇註）

雖然近人有以為這個「逝」字指年命和光陰的一去不返，因為此篇多孔子晚年語，有遲暮之感，所以認為宋儒以道體來解釋此章，不是正論。但我以為此章有深意，孔子描述他「七十而從心所欲，不踰矩」。這時他的心已入化境，那裏還會為了自己的年齡而出此傷感之語。所

以孔子這裏所指的「逝」不該是指的年命，而應是指大化的變遷。我說這話並非出於一己的臆解，有老子思想可證，如《老子》二十五章：

> 有物混成，先天地生，寂兮寥兮，獨立不改，周行而不殆，可以為天下母，吾不知其名，字之曰道，強為之名曰大，大曰逝，逝曰遠，遠曰反……。

這一章都是描寫道體的，而其中剛好也出現了一個「逝」字。王弼對於這個「逝」字的注是：

> 逝，行也，不守一大體而已，周行無所不至，故曰逝也。

可見這個「逝」字不應當作年命來解。逝的意思是「去」，而「去」除了消失的意義外，還有奔赴的意思。記得有和尚問雲門文偃禪師：「如何是道?」雲門便回答了一個「去」字。看到這個「去」字，我們就會想到慧能的「無住」，《易經・繫辭下》傳的「變動不居」。所以這個「逝」字應解作大化的運行變遷。我們要了解孔子發此感想是在河川之上。諸位要知道我們看見河水的奔騰而去，所感覺的應是生命向前的無窮奔放，這和我們看落花的消逝之感完全不同。所以孔子在川上對學生說，大化的流行就像河水的奔騰，晝夜不停的後浪推前浪，永遠的生生不已。

由於孔子能把握了這一生生不已的精神，所以他的思想絕不是守

舊的。我們要了解孔子和學生所談的話，都是針對當時的問題而發的，從家庭倫理，到經國治民。都是非常嶄新的見解，又那裏是在掉書袋。

孟子繼承了孔子的思想，但他決不是一成不變的，他之所以能發揚孔子思想，除了他本身具有「思想敏銳」、「因勢利導」的才能外，他為了應付當時諸子百家爭鳴的場面，特別替孔子的思想建立了哲學理論，所以提出性善的學說，為孔子的仁字立下人性的根據，同時特別強調義字，使孔子的仁字向外發揮，這些都是孟子抓住時代性，為孔子的思想中加入了新的血輪。

再看老莊的思想，也是常被人誤為是退化、落伍、消極、保守的。

在《老子》書中有兩處提到新字，

> 保此道者，不欲盈，夫唯不盈，故能蔽不新成。（十五章）
> 曲則全，枉則直，窪則盈，敝則新。（二十二章）

關於十五章中的「蔽不新成」，許多注釋家認為這個「不」字是「而」字的誤寫，因為「蔽而新成」和「敝則新」，在語法和觀念上是一致的，如照這種看法，那麼老子的思想正是要我們從舊有中去求新成，這和孔子的「溫故而知新」和《易經》的「知以藏往」也是同一的態度。

至於莊子的思想，他的忘是非，曾被胡適批評為「保守派」的大祖師。其實莊子所談的純屬生命的向上提昇，他為我們的心靈打開了許多新境界。如對自由、平等的看法，對生死、得失的見解，今天我們讀起來仍然是鮮甜可口，又那有陳舊之味。

最後，我們要了解這個新字應有兩種解釋，一是向前發展的新，一是向上昇華的新。像儒家思想中所謂的新，是兩者兼有，像道家思想中所謂的新，是偏於後者。這和西方偏於前者的所謂科學的進步，自然不同，最顯明的例子是《易經》的〈晉卦〉，在〈彖辭〉上說：

晉，進也，明出地上，順而麗乎大明，柔進而上行。

這個晉字，就是進步的進字。為什麼用晉字呢，因為是指向上的提昇，所以在中國哲學上，所謂進步，並不是只指物質上的進步，而是指心靈上，道德上的進步。

這個晉字，正寫出了我們道統的日新不已。我們也可以說沒有日新，就沒有道統。因為沒有日新，道將不傳，又那有「統」可言。

㈢境界成於工夫

中國哲學上喜歡談境界，可是研究中國哲學的人，也有不少的卻誤於境界。

我們在中國哲學的特色上，曾說中國哲學的境界美是在於天人合一，物我同體。但這一境界不是隨便可以達到的，你不能信口大喊上帝死了，就可以升格為上帝，你也不能骯髒得和豬狗生活在一起，以為你就能和物打成一片。要了解這一境界的背後，有其切實的工夫。

譬如〈中庸〉上有一段話：

> 誠者，天之道，誠之者，人之道。誠者，不勉而中，不思而得，
> 從容中道，聖人也。誠之者，擇善而固執之者也。博學之，審
> 問之，慎思之，明辨之，篤行之。

「誠者，天之道。」這是境界語，而「誠之者，人之道。」卻是工夫語。
聖人的「不勉而中，不思而得，從容中道。」也是境界語。我們要了解
人生下來都是一樣的，並沒有聖人和凡人的區別。就拿孔子來說，他
也並非生下來就是聖人，他自述其生平為學的歷程：

> 吾十有五而志於學，三十而立，四十而不惑，五十而知天命，
> 六十而耳順，七十而從心所欲，不踰矩。

可見孔子之聖，也不是一開始就不思而得，不勉而中的，他是從十五
志於學開始不斷求學，不斷體驗，直到七十歲才有從心所欲的境界。
所以說聖人也是一個境界。要達到這一境界，其背後不知要下了多少
的工夫。

　　莊子所描寫的至人真人的逍遙，也是一種境界。常有學生們問我，
他們說：「莊子這種忘我的逍遙境界，非常灑脫，究竟要如何去學忘我
的逍遙？」我開玩笑的說：「你們要學忘我，很簡單，我在你們頭上重
重的敲一記，使你們腦震盪，便自然的忘了我。」事實上莊子的逍遙是
一種境界，其本身是不可學的，一學便成頹廢。為什麼？因為莊子的
逍遙是由於他的修養工夫到達了這個境界，擺脫物欲，自能超脫物我，

而至神化。所以能學的是他的工夫，而不是逍遙的境界。就像你看到一位朋友，滿面生光，非常得意，你也想學他那樣，在臉上塗一層光，打一層蠟，成嗎？當然那是不成的，因為他之所以生光，是內心愉快的表現，你必須從自己的心中去下工夫，才有此表現。譬如莊子在〈逍遙遊〉一文中有三句關鍵的話，即

　　　　至人無己，神人無功，聖人無名。

很多人都把注意力集中在「無己」、「無功」、「無名」上，好像做到無己便是至人，做到無功便是神人，做到無名便是聖人。如果真是這樣的話，豈不是太簡單了，那些失落自我的年輕人，豈不都是至人？那些社會的寄生蟲，豈不都是神人？那些沒沒無聞的小卒，豈不都是聖人了嗎？當然不是，所以這「無己」、「無功」、「無名」，也是境界語，我們必須先痛下工夫，達到了至人、神人、聖人後，自然能無己、無功、無名。所以要達到莊子的逍遙，又豈是什麼都不管，就能逍遙得了的嗎？

　　再說禪宗的頓悟，被宋以後的禪師當作一種方法來學，於是拳打腳踢，以為這樣就可以頓悟。其實頓悟也是一種境界，這種境界不是從外在所能學的，譬如一指禪師常以一指示人，他的一位學生也在外面豎一指以教人，後來被一指禪師知道後，問學生如何教人，學生豎一指，禪師即提刀斬斷了學生的手指，這時學生才真正悟道，所以頓悟本身不是可學的。古代禪師達到頓悟都須經過一段長時期的磨鍊的。

譬如：

　　智閑禪師掃地，因石子擊竹而悟道。

　　靈雲禪師睹桃花而悟道。

　　張九成居士如廁而悟道。

　　德山禪師因燭火被吹熄而悟道。

　　長慶慧稜禪師捲簾而悟道。

這些禪師悟道都在一剎那間，但這一剎那間的頓悟是可學的嗎？不相信，你不妨去掃掃地，看看花，蹲蹲廁所，吹吹火燭，捲捲窗簾，看你是否能悟道，我敢斷定的說，不能悟。因為你沒有點燃火把，那壺中的水又怎麼會沸騰呢？所以禪宗的頓悟也是一種境界，而在頓悟背後，是需要有一套吞熱鐵丸的工夫的呀！

　　記得有一次，有位學生批評陽明的「致良知」說：「中國的哲學都是騙人的，像陽明的致良知，只是一句空話，因為他講來講去只有這三個字，而沒有把如何致良知的方法，逐條逐項的寫清楚，讓我們跟著去做，一學就會。」當時我便告訴他，「如果陽明把他的致良知寫成一條條方法，叫你跟著去做，一學就會，像《英語百日通》那樣才真是騙人呢？因為良知是你自己的，必須向自家心中去致。但致良知決非一句空話，陽明自十五歲起，便要做豪傑，做道士，做和尚，直到三十七歲時，被貶龍場驛，經過了這二十年來的學問的探討，人生的磨練，才在某天晚上突然而悟。因此致良知雖然只有三個字，但如何去致，卻還須你自己拿整個生命去參，到最後想通了，那時你心中便實實在在，清清楚楚，知道古代聖哲絕不是騙人的了。」

我舉這段故事，也就是說明中國哲學裏的境界只是一種表現，其精神完全在於工夫。千萬不要只迷於境界，而忽略了工夫。須知工夫就是境界。除工夫之外，沒有另外一個境界。

三、中國哲學精神在今日的意義

前面我們已簡略談過中國哲學的特色和精神。最後再看看這種精神在今日的意義。

要了解中國哲學在今日的意義，必須先認清今日是一個怎樣的時代？

如果我們用最簡單的話來描寫這個時代的特性，就是科學極發達，精神卻極空虛。

今天，科學的發展已到了登峰造極的境地，可是物極必反，科學技術化所產生的毛病也逐漸的增加，這種毛病大致有兩類，一類是科技本身不良，而造成的環境污染，如輻射塵、工廠的排洩、汽車的油灰、洗衣粉、清潔劑、殺蟲藥的擴散等；一類是科技改變了社會，影響了生活，所形成的心理污染，如心靈的空虛，人情的淡泊，道德的厭棄等。關於前者，這是科技自身的不良，我們相信科學本身會逐漸改善，以修正他們的偏差；關於後者，卻不是科學本身所能做得到，而是必須哲學家、宗教家、教育家、社會學家共同來商討對策的。

　　這後者的污染，我稱之為現代化的心理污染，而今天我說話的立場，也是站在中國哲學的觀點上來論的。

　　在談到現代化的心理污染前，我先舉《莊子·秋水》篇的一則故事來看，有一隻水井中的蛙，一輩子封閉在井中，自以為井內的一切美如皇宮，於是寫了封信去請東海的大鱉來欣賞，可是大鱉左足還未入井，右足已踩到了井底，只得退了出來，把大海的情形告訴井底之蛙。井底之蛙聽了之後，驚惶失措，才發現自己的渺小，固陋。

　　這隻井底之蛙犯了三個毛病，一是在淺井之中，自以為樂，二是在淺井之中，不求自拔，三是在淺井之中，以淺水為足。這三個毛病，正是今天我們現代化的三個心理污染，就是盲目的享樂主義，盲目的適應主義，及盲目的自由主義。現在我們就從這三方面來談談如何消除之法：

㈠消除盲目的享樂主義在於加深憂患的意識

　　人都喜歡追求享樂，這本是無可厚非的。但這種享樂如果只是暫時、表面的，而且還會導致不良後果的，那就是盲目的享樂主義。

　　今天科技的發展，增加了人類不少的物質享受，但物質享受並非和精神的快樂是並行的，正如老子在二千年前便說：

　　　　五色令人目盲，五音令人耳聾，五味令人口爽，馳騁畋獵令人
　　　　心發狂。（十二章）

由於物質的過度享受，反而使人的心智麻痺了。譬如家中裝了一臺電視機，下班後，坐在電視機前面，癱瘓在軟綿綿的沙發上，直到最後一個節目，這時，任聽節目主持人的導演，自己的心智一點也不能自主。於是答朋友的信懶得寫了，和朋友的討論取消了，文學的作品也擱在一邊了，這樣精神生活的天地就愈來愈狹窄了。其實電視機在今天我們的生活水準來說，已不算是一種高度的享樂了。在這裏我所批評的不是電視機等現代化的設備，而是批評其背後的那一股無厭追求享樂的心理。

黑白電視機不夠味，要裝彩色的；彩色的還不方便，要裝遙控的。當然還不是到此為止，將來電視機裏面還會透出香味，同時也透出臭味。這些就科技來說，都是一步步的發明，都是輝煌的成果；可是對人心來說，又增加了什麼？

記得抗戰時，我在重慶，家庭尚稱小康，卻並沒有玩具可玩。那時我自己用火柴盒搭成車子，用線串起來，在地上開。玩得非常久，也非常開心。現在我那幾個孩子，要玩具很方便，任何玩具店都可買到電動或用發條開的車子，但玩不了一兩天，便沒有興趣了。試想電動車子比起我那火柴盒來，進步了多少，可是在用腦去設計的快樂上，今天的孩子們又得到了什麼？

我說這話，並非反對發明，而是想探討一下這些發明如果只用在無厭的享樂上，究竟代表了什麼意義？

我認為人生真正的快樂或幸福，往往不在享樂本身，而在於花下去的心血，所得的成果。譬如父母與子女的天倫之樂，並不在於物質

生活上要有多高的享受（這話並非否定了基本的生活水準，要人餓著肚子去談天倫），而是在彼此所付出的心血，如一個做母親的，十月懷胎，接著千辛萬苦的養育孩子。其中，苦愈多，情也愈深。現在有許多女性，為了自己的快樂，不願生孩子；生了孩子，為了美容，又不餵母乳。餵牛奶又怕麻煩，於是買了一個設計好的餵奶器。孩子再大一點，整日送到托兒所。這樣所下的心血愈少，就是自己對孩子的情感也會愈淡，更何況孩子將來對自己呢？

現在提倡節育，這本是為了人口膨脹，生態不調和的一種不得已的方法。因此大眾傳播工作的宣傳節育也是不得已的，可是我好幾次看到電視劇中，一直在灌輸享樂的觀念，認為孩子多了，家庭窮困，生活忙碌，得不到快樂。甚至還以孩子多了，分不到好嫁妝做題材。這樣的宣傳都是有毒素的，因為它們都在逐漸的抹煞了父母子女之間，任勞任怨，彼此貢獻的真情。

我說這番話，主要是指出盲目的享樂主義，是今日心理上的一大病態，而且不自覺的在蔓延著，孟子說：「生於憂患，死於安樂。」我們為了人類的真正幸福，必須加深憂患意識，使我們明瞭人生的意義，自己的責任。以沖淡享樂主義的無厭追求，使我們從物欲的沉淪中醒轉過來。

(二)消除盲目的適應主義在於加強道統的自信

美國有一位社會學家，名叫杜佛勒，他寫了一本叫《未來的震盪》(*Future Shock*) 的書，介紹科技的發展一日千里，最近幾十年內變化的

速度，要超過過去幾個世紀。因此今天我們如果不預先準備，到未來很快來到時，我們便不知所措了。於是他在該書最後幾章中，談到如何在心理上作準備，以適應於未來。

今天有很多人談現代化，就是一個適應的問題。

他們的理論是，今天我們立足於世界上，便不得不工業化，而工業化有其特殊的生活方式，我們為了工業化，就不得不修正自己去適應這種生活。

他們的理論在表面上，似乎是有根有據的，而事實上卻並不完全如此。

譬如他們認為過去在農業生活中，父母兒女都生活在一起，因此需要孝道來維繫。現在是工業社會，實行「迷你家庭制」（這是我杜撰的名詞，指只有夫婦和兒女，不包括公婆、兒女也不超過二人），這是沒有辦法的事，因此做父母的應該事前有心理準備，適應於這個事實，不要寄望兒女將來孝順自己，否則一定會失望的。這種說法，就是典型的適應主義。

這種適應主義對現代化的看法，大致有兩種心理，一種是認為現代化的一切是最好的，因此必須無條件的跟著走；一種是認為現代化雖然有好有壞，但我們必須跟著它走，但為了取得好的，就只有忍耐著去適應壞的。無論這兩種心理對現代化的看法如何，但它們對現代化的盲目遷就，盲目適應，卻是一致的。

我並不反對現代化，因為生在現代，無法避免的要現代化。但我不贊成把盲目的適應當作現代化。相反的，能夠把握現代，指導現代，

修正現代，才是真正的現代化。

今天我們的社會中，充滿了許多偏差的觀念，如性的開放，道德的墮落，人情的勢利等等，而我們非但不加以糾正，反認為是時代所趨，是現代化，而盲目的去適應。這就是今天心理上的一大污染。

要消除這一污染，淨化的藥劑，必須求之於道統思想。

記得有一次，我在堂上講課，講到孔孟如何恓恓惶惶，去向世人宣布救世的福音時，有位學生發問說：「儘管孔孟那麼熱心，可是當時的君主們都沒有採納他們的意見，可見他們的思想是不合時代的。否則，那些君主為什麼不採用呢？」當時，我回答：「並不是說被那些君主所用，才是合乎時代，事實上，那只是投合而已。孔孟的思想，目的就為了針砭當時社會的弊病，實際上，這才是真正的合於時代。」我這話，正可以說明，不是適應現代，就是現代化。而是能吸取古人的經驗，再加上我們的創造力，來指導現代，改良現代，才是真正的現代化。

因此，今天我們必須修正適應主義的偏差，加強道統的自信，從道統中去求日新，以完成真正的現代化。

㈢消除盲目的自由主義在於加重工夫的訓練

自由兩字似乎是西方的舶來品。照字面來說，它相當於中國哲學裏的逍遙和自在。但逍遙和自在都是偏重於內心的，而自由卻是指外在的，尤其西方的自由觀念，大多是政治的產物。

真正的自由主義是自尊，也是尊人的，自尊是個人主義的根本，

尊人是民主主義的基礎。所以真正的自由主義本是很好的，值得我們推崇的。可是自由兩字也像逍遙和自在一樣，是一個境界語，很不容易把握，如果沒有深切了解，畫虎不成反類犬，這就是今天自由主義的被濫用，結果，非但所追求的不是真自由，反而破壞了真正的自由。我所謂盲目的自由主義即是指這種自由。

在這裏，我們無須一條條去分析盲目的自由主義的毛病。我覺得最根本的還是自由之所以會盲目的原因——也就是心理上的偏差。

這個心理上的偏差，就是把自由當作任意，我愛做什麼就做什麼，愛說什麼就說什麼。這種自由無限擴張，自然會侵犯了別人的自由，而造成不自由的後果。譬如你任意的批評別人，別人也會任意的批評你。這豈不是自找麻煩嗎？

我認為要懂得真正的自由，必先懂得不自由，而且在某種情況下還要學會去忍耐不自由。老子有句話：「明道若昧。」這句話是說光明之道，不是表面看去就光亮亮的，毫無遮攔。相反的，它卻是若隱若現的，甚至深藏不露的。這句話引申到人生的體驗，更有深意。我們要了解光明之道，不是天生光明，而是必須從黑暗中走出來的。沒有病過的人，不知健康之樂；沒有經過不自由的人，更不知道自由之可貴。有許多年輕人，他們一直生活在溫暖的家庭中，卻在那裏大喊追求自由、追求平等，你們想想他們對自由、平等的了解又會如何？當然只是一個天真的幻想罷了。這就同一隻小飛蟲，只看到玻璃窗是亮的，拚命往玻璃窗上鑽是一樣的道理。所謂「明道若昧」，就是叫我們不要忽視黑暗，必須鑽出了黑暗，才是真正的光明。

　　吾師吳經熊博士曾在一次演講中說：「我們的孔夫子要到七十歲，才能從心所欲，而不踰矩，可是今天的嬉皮十七歲就要從心所欲了，你想，他們怎麼會不犯規呢?」

　　這段話說明了「從心所欲」的自由境界，不是你想到，就可以得到的，而是必須你自己經過不斷的努力、體驗，才能享有的。譬如四大自由之一的言論自由，這是我們的基本自由，可是我們要捫心自問，我們自己是否有資格、有能力運用這種自由。因為在運用言論自由之前，你必須要有言論的內容，否則你根本就無法開口，同時也應知道言論的時和地，否則你也沒有資格運用這種自由。

　　自由的觀念，也像境界一樣，必須要著重工夫，工夫到家，自然你就會享有它。所以今天我們要消除盲目的自由主義，必須使大家了解工夫的重要，要切切實實的下工夫。

　　今天盲目自由主義的心理偏差，就是一味只想做別人的主人，而不知真自由主義的最高標義是做自己的主人。我國儒家思想的講仁人，道家思想的講真人，禪宗思想的講主人翁，都是要我們通過了德和知的修養，來駕馭自己，做自己的主人。唯其有真自我，才有真自由。

中華民國六十四年元月十八日講於臺中市中興堂

中國哲學的任務

談到中國哲學的任務，我覺得橫渠的四句話：

　　為天地立心

　　為生民立命

　　為往聖繼絕學

　　為萬世開太平

體大思精，非常完整。我在本文中，借用這四句來談中國哲學的任務。可分為四大問題：「為天地立心」，是中國哲學的天道思想；「為生民立命」，是中國哲學的性命思想；「為往聖繼絕學」，是中國哲學的道統思想；「為萬世開太平」，是中國哲學的文化理想。這四句話，在橫渠來說，原為一氣呵成，表現中國哲人的一大心願，而我在此處分為四大問題，乃是就今日研究中國哲學的立場來劃分的。因此本文對於「心」、「命」的解釋，多有個人自己的看法，不必求之於橫渠的原意。至於把「繼絕學」落實到學術派別的發展來分析，「開太平」卻只就中國哲學在文化理想上的重要性來論，都是為了方便說法（因本文原為通俗性的演講），請勿以學術專著視之。

　　現在我們就以這四句話來看看中國哲學的任務吧！

一、為天地立心

㈠天地究竟是有心或無心呢?

在談到為天地立心之前,我們必須先研究一下天地究竟是有心或無心的? 對於這個問題,中國的學者有的是有心論,有的卻是無心論。在這裏,我舉一個現代學者的例子來說:

熊十力先生在《新唯識論》一書中,就是強調天地有心之說的,如他在〈成物〉篇中說:

> 造化有心而無意,吾已言之矣。健而不可撓,名心。神而不可測,名心。純而不可染,名心。生生而不容已,名心。勇悍而不可墜墮,名心。

由於熊先生強調天地有心,所以整部《新唯識論》就是要援佛歸儒,用易理的天地之心及宋明儒的宇宙之心來代替唯識的種子。後來印順法師在《評熊十力的新唯識論》一書中,認為熊先生肯定天地有心,而要追求萬化的根源,乃是戲論。他說:

《新論》只是神學式的，從超越時空數量的「神化」，說體、說用、說變、說心；用「至神至怪」、「玄之又玄」等動人的詞句去摹擬他，使人於「恍恍惚惚」中迷頭認影。

以上熊十力和印順法師兩人的見解，是非高下暫且不論，但就宇宙觀來說，很顯然地，熊氏所走的是傳統中國哲學，特別是儒家的路子，由《易經》、孔孟、宋明儒家一路而來，是強調天地有心的。而印順法師，卻是由印度佛學引入的，原始的印度佛學本是講「四大皆空」、「五蘊無我」，一切都是因緣所造，所以是無心的。

我之所以引用這段故事，乃是說明學者們對宇宙的看法，有有心之說，也有無心之論。不過就中國整個傳統哲學看來，卻是偏於有心之說。所以熊十力的看法本是中國哲學的主流，只可惜他在這方面話說得太多了，硬要在這個心上，說功能、說轉變，走入了玄學的範圍，所以為印順法師所批評。

現在我們轉回到自己的問題，我認為究竟天地有心或無心，這是一個不可窮究的問題。中國古代哲學家們雖然有的說天地有心，有的說天地無心，其實他們的見解並非截然的對立，因為有心無心的這兩個心字並不完全相同。說天地有心，都是指天地之中有天命，天道存在，而說天地無心，乃是指天地並沒有像人一樣具有意念、情感。

中國哲學家們要為天地立心，就是要為天地確立這個天命、天道的存在。

㈡為什麼要為天地立心呢？

接著，我們進一步追問：中國哲學家們為什麼要為天地立心呢？如果說天地無心的話，它本來沒有，就不該去立；如果天地有心的話，它自然已有，也就無須去立。照這樣說來，中國哲學家們要為天地立心，豈不是畫蛇添足，多此一舉？其實不然。

人，生存於天地之間，正像魚兒生存於水中，必須是活水，才能養得出活魚來。表面看，好像是一池死水，其實它有天上的雨露，有地下的噴泉，還有水草的營養，仍然是充滿了一片生機，同樣，我們生存的天地，也是如此的，方東美教授在《中國人生哲學概要》一書中說：

> 中國人的宇宙不僅是機械物質活動的場合，而是普遍生命流行的境界。這種說法可叫作「萬物有生論」。

又說：

> 近代西洋人的宇宙則不能，因為他們往往把宇宙當作物質的機械系統，內中不表現生命，有時遇著生命現象，也還要化為物質條件來研究，這種說法不妨叫做「萬物無生論」。

這兩段話，說明了一個事實，就是中國人眼中的天地是充滿了生機的，

而西方近代人眼中的天地，卻是機械的、物質的。由於這個原因，所以近代西方的文明，走向了衰敗之途，正如史懷哲博士在《文明的衰敗和復興》一書的序文中說：

> 我渴望能夠流行的一個觀點是：文明和我們的宇宙論的關連性。現代幾乎沒有人關心這一個關連，事實上在我們生活的這個時代，根本就忽視了有一個宇宙論的重要性。不論是受過教育或者沒有受過教育的現代人，都堅信人性能夠完全不須要任何宇宙論，而自足地向前進步。而真正的事實是，一切人文的進步都得依靠它的宇宙論的進步。而反過來，頹廢的情形正為宇宙論上一種相似的頹廢情形所決定，我們失去真正的文明，正由於我們缺少一個宇宙論。

史氏這段話，初看起來，令人驚奇，因為西方自泰里士開始，直到近代，都有他們的宇宙論，為什麼史氏卻說：「我們缺少一個宇宙論」呢？原來在史氏眼中西方的宇宙論，不是偏於粗俗的物質，使人類的精神向下墜落，便是偏於過分抽象的概念，和人性缺少了關連，因此也使人性被遺棄，而為物欲所迷惑。我們細按史氏所要求的，乃是一個健全的、活潑的，與人性息息相關的宇宙論。說穿了，不正是中國哲學所謂的天道、天理嗎？在史氏的書中，一再強調這種宇宙論應該是樂觀的、倫理的、生命的。這也正是中國哲學裏的宇宙論的特色。

　　從史氏的這一呼籲中，我們可以看出在哲學上真正的宇宙論，並

不只是探索宇宙的根本元素和結構而已，主要的，乃是了解宇宙的真理，使我們生存其中，能和宇宙和諧相處，共成共長，這就是中國哲學裏所謂的天人合一。

天人合一的最重要工夫，就是先要能為天地立心。這個心才是溝通天人的唯一橋樑。試想天地如果無心，完全是物質機械的場所的話，那麼，我們要天人合一，豈不是把自己也變成了物質機械。天地如果像達爾文進化論所說，是物競天擇、弱肉強食的一個殘酷的環境的話，那麼我們與天合一，豈不是要把自己變得也兇暴不仁了嗎？這兩種現象並非是我的假設，而是迷惑了本世紀，直到今天我們還深受其害的兩大西方的思潮呢！因此我們要天人合一，必須先為天地立心。這個心，不是邪惡的心，不是欲念的心，而是生生不已的心，而是純粹至善的心。

中國哲學家們之所以要為天地立心，依我的淺見，至少有以下四個原因：

1. 使我們能通天地的消息：

要了解宇宙的變化，有兩條路子可走，一條即是今日科學上用各種實驗的方法，以分析萬物的性能，這條路子自十九世紀以來，雖然只有二百年的歷史，卻有極為可觀的成就，唯可惜的是，這條路子只重元素的分析，只重機械的性能，愈走愈狹，結果是雖然名為科學，卻違背了科學的精神。因為真正的科學精神，也是一種天人合一。科學的成就必須能遵循和配合自然生命的發展。可是今天科技的偏鋒發展，卻違反了自然，損害了生命。另一條路乃是哲學上的直覺、直觀

或體證的方法。乃是直參天地生物的消息。這個方法，早見之於《易經》中。如〈繫辭上〉傳四章：

易與天地準，故能彌綸天地之道。仰以觀於天文，俯以察於地理，是故知幽明之故；原始反終，故知死生之說；精氣為物，游魂為變，是故知鬼神之情狀。與天地相似，故不違，知周乎萬物而道濟天下，故不過，旁行而不流，樂天知命，故不憂。範圍天地之化而不過，曲成萬物而不遺，通乎晝夜之道而知，故神无方而易无體。

這個「易」，就是中國最早的哲人所體認出的宇宙變化消息。能把握這個「易」，不僅對宇宙來說，可以知道幽明、生死和鬼神的現象，而且還能使我們樂天知命，道濟天下。所以這個「易」字，也就是中國哲人為天地所立的心。我們都知道今天在科學上，把人造衛星送入了太空的軌道，因此我們利用人造衛星傳遞太空的一切變化消息，同樣中國哲人，為天地立的這個心和人心相通，也就像人造衛星一樣，使我們能體認天地的消息，以達到天人和諧的境地。

2.使我們能淨化生存的空間：

在我們生存的空間裏，的確有很多邪惡或不順心的事，如人與人的勾心鬥角，及生老病死等痛苦。一般不知天道，不能善體天地之心的人，只執著於眼前的一切，認為這個宇宙就是那麼的殘酷不仁，這個人間就是那麼的黑暗痛苦。非但自己不能從其中超拔出來，反而受

到感染，自己也追名逐利，痛苦不已。

中國哲人之所以要為天地立心，就是要為天地立一個純粹至善的心，《易經‧繫辭上》傳五章所謂：

> 一陰一陽之謂道，繼之者善也，成之者性也。

這說明了造化的發端，是純粹至善的。中國哲人之所以要為天地確立這個純粹至善之心，也就是要說明天地的化育萬物，本來都是至真、至美、至善的，所謂「鳶飛戾天，魚躍於淵。」一切都是活潑潑的，至於那些痛苦和邪惡，都只是短暫的現象，都只是顯發光亮的磨石而已。

基於這種認識，我們才有信心、有勇氣、有希望，去征服邪惡，消除痛苦。因為「飄風不終朝，驟雨不終日。」我們確信，眼前的暴風雨，一定會過去的，宇宙終會還歸於它平靜和祥的本來面目。

3.使我們的精神能向上發揚：

就西洋哲學來看，自十九世紀以來，尼采等人宣判上帝死亡，存在主義的某些哲學家及邏輯實徵論者，也都在宣布傳統形而上學，倫理學的破產。他們都以為推翻了宗教、形而上學和倫理學的約束，人便能以自我的面目，活得真真實實。可是事實卻相反，他們的作法無異畫地為牢，截斷了人類的向上一路。於是人，反而被窒息在現實社會、本能欲望中，壓得扁扁的。尼采的超人，變成了虛脫的、狂者的夢魘；存在主義的自我，也只會嘔吐，怕死；邏輯實徵論用科學方法所篩下來的人，沒有血、沒有熱，也只剩下幾根骨頭而已。他們之所

以有此下場，就是由於杜塞了人類向上的一路。

　　中國哲人之所以要為天地立心，就是要我們默識到在區區七尺之上，還有天命存在。此處所謂天命並非是指某些宗教上所描寫的作威作福的神靈，而是指天道的流行或自明的天理。孔子曾謂：「君子有三畏，畏天命，畏大人，畏聖人之言。」此處的「畏」，乃是一種敬仰，一種戒慎敬惕之心。正如〈中庸〉第一章所描寫的：

　　　　天命之謂性，率性之謂道，修道之謂教，道也者，不可須臾離
　　　　也，可離非道也。是故君子戒慎乎其所不睹，恐懼乎其所不聞，
　　　　莫現乎隱，莫顯乎微，故君子慎其獨也。

這是把天命貫注於性內，就像從天上放下一枝梯子到人間。我們小小心心，循天理而行，必能和天合一。相反的，否定了天命，拆掉了這枝梯子，無限誇張人的力量，認為人可以征服一切，結果如何？非但什麼都征服不了，連自己也控制不住。試想科學要征服自然，成績如何？從卡遜女士《寂靜的春天》一書中，我們只看到大自然的反攻。幾年前英國史學家湯恩比曾有一篇演講詞中說：

　　　　生物層面，目前已無餘地供經濟作無限的擴張，人類和其他生
　　　　物一樣，必需靠大自然的恩賜而生存；但是，只有我們尊敬自
　　　　然，自然才會施惠於我們。我們一旦對自然施加暴力，則此一
　　　　自毀的行動，必將破壞大自然對我們的恩澤，與大自然和諧相

　　處，是生物求生存的必要條件，這就是神道的真諦。

這說明了我們人類必須以虔誠之心來尊敬天地，才能使我們與天地和諧相處。同樣，中國哲學家之所以為天地立心，也就是為天地確立一個靈明之心，使我們改正過去那種唯我獨尊的觀念，了解在我之外，在我之上，並非一片漆黑，而是昭明顯著的。這樣，我們的精神才不致自限於形軀之內，而能向上無限的開展。

　4.使我們的一切道德價值有共同的根源：

　　在《書經‧大禹謨》上有一段話：

　　　惟德動天，無遠弗屆，滿招損，謙受益，是乃天道。

這段話極有深意。惟德的「德」，當然是指個人的德行，為什麼個人的德行要能動天，才無遠弗屆呢？動天的這個動，是指的感動，而天之能感，必有其心。這也就是說人的行為必須能和天地之心相感相應，共鳴一氣，然後才能無遠弗屆。

　　我們都知道，人類的道德價值，本是由人所賦予，可是時代不同，觀念互異，如果沒有一個共同根源的話，那麼正如墨子所謂的「一人一義，十人十義」，大家都以自己的行為為道德標準，都以自己的看法為價值判斷，這樣的話，還有什麼真理可言。

　　於是中國的哲人，便為這一切的道德價值尋求一個共同的根源——就是天地之心。由於天地之心，是普照萬物，沒有偏私；純粹至

善，沒有欲念，所以遵循天地之心所樹立的道德價值，也自然是公正無私的。孔子的天命、墨子的天志、老子的天道（常道），以及宋明儒家的天理，都是一切道德價值的共同根源。

㈢中國哲人如何為天地立心？

現在我們再進一步談談中國哲人如何為天地立心。關於這一點，可分兩方面來看，一是顯發其理，一是助成其化。前者是指我們通過了體驗和認識，以昭明天地變化之理，後者是指我們通過了修證和實踐，以助成天地化育之功。這兩者本是相輔相成，不可分的。

中國哲學裏，專門談天地之道，最早也最重要的一部經典，當然首推《易經》。而「天地之心」四字，也最早見之於《易經‧復卦》的〈彖辭〉中：

> 復，亨。剛反，動而以順行，是以出入无疾，朋來无咎。反復其道，七日來復，天行也；利有攸往，剛長也；復其見天地之心乎！

從「復其見天地之心」一語中，可見復並不是天地之心，但復卻是我們體證天地之心的基礎。

現在我們先看《易經》所謂天地之心，究竟是指什麼？我們通觀全部《易經》，所謂天地之心，自應指的一個「生」字。試看《易經》中屢言：

> 天地感而萬物化生。(〈咸卦象辭〉)
>
> 天施地生。(〈益卦象辭〉)
>
> 生生之謂易。(〈繫辭上〉傳五章)
>
> 夫乾，其靜也專，其動也直，是以大生焉；夫坤，其靜也翕，
> 其動也闢，是以廣生焉。(〈繫辭上〉傳五章)
>
> 天地之大德曰生。(〈繫辭下〉傳一章)

可見《易經》所講天地之心，就是一個「生」字，乾或天，代表創生；坤或地，代表厚生。創生，是指給予精神動力，使其發端；厚生，是指給予物質條件，使其發育。所以前者也稱為大生，即光大其生命；後者也稱為廣生，即綿延其生命。兩者合起來，即是所謂「生生之謂易」。

關於《易經》的「天地之心」是一個「生」字，先儒也早有定論，如朱子在〈仁說〉中謂：

> 天地以生物為心者也，而人物之生，又各得天地之心以為心者也……此心何心也，在天地則盎然生物之心，在人則溫然愛人利物之心。

用這個「生」來釋「天地之心」，可以說是最切實，而無流弊。因為人類常常以自己的觀點套在天地上，認為天地是有意志的、有靈性的。而以「生」來釋「天地之心」，卻沒有這種毛病，因為誰都不能否認在

這個宇宙之中,一切萬物的衍化,不是得之於天地的生養,即使是一位最重實證、最沒有形而上感的科學家,他也不能不承認天上的一切雨露陽光是生命的本源,而地下的一切土壤肥料是生命的資源。所以拿這個「生」去寫「天地之心」,可說是最合乎事實,而無一點玄味。

天地的這種生生之心,是健強不息的,雖然人世間有老死,社會上有衰敗,但這一切的現象,表面上似乎與「生」相反,其實就整個天地生生不息來看,又都變成了「生」的養料、「生」的跳板。龔自珍有詩:「落紅不是無情物,化作春泥更護花。」這充分寫出了天地生物的苦心。

由《易經》思想發展而來的儒道兩家思想,在宇宙論方面,也都是緊扣著一個生字。

孔子在〈十翼〉中所讚嘆的「生」,暫且不說,而在《論語》中,孔子一再的說:

> 天何言哉,四時行焉,百萬生焉,天何言哉。
> 逝者如斯夫,不捨晝夜。

都是對天地生物的這種生生不息精神的讚美。而孔子一生所以能歷經艱難險阻,生死憂患,可是仍然能「知其不可而為之」,就是由於他對天道好生、強健不息的體認,如他對承擔文化使命的抱負說:

> 天之將喪斯文也,後死者不得與於斯文也;天之未喪斯文也,

　　匡人其如予何！

這段話中，前兩句是假設語，後兩句才是肯定語，孔子所肯定的乃是天地好生之德，絕不會既有斯文，又喪斯文的作法，因此外來的阻難，不值得擔心憂慮。

　　再看老子的天道觀，也完全是一個「生」字，老子在《道德經》中一再的說：

　　　　天之道，利而不害。（八十一章）

　　　　道生之，德畜之。（五十一章）

　　　　道生一，一生二，二生三，三生萬物。（四十二章）

　　　　大道氾兮，其可左右，萬物恃之而生而不辭。（三十四章）

　　　　天長地久，天地所以能長且久者，以其不自生，故能長生。

　　　　天得一以清，地得一以寧，神得一以靈，谷得一以盈，萬物得

　　　　一以生，侯王得一以為天下貞。（三十九章）

歸納以上所引，可見老子所謂道（或一），就是天地之心，其最大的功能，就在一個「生」字。

　　以上，我們已看過天地之心是一個生字，現在我們再從顯發和助成兩方面去看中國哲人如何為天地立心。

　1.顯發：

　　所謂顯發，就是昭明天地生生之理，在《易經‧復卦象辭》中已

明言，「復，其見天地之心乎！」可知這個「復」，是我們通達天地之心的唯一憑藉。關於這個「復」字，先儒的解釋有兩種，正可以代表儒道兩家思想：

一是伊川在《易傳》中的解釋：

> 其道反復往來，迭消迭息，七日來復者，天之運行如是也。消長相因，天之理也。陽剛，君子之道長，故利有攸往，一陽復於下，乃天地生物之心也。先儒皆以靜為見天地之心，蓋不知動之端，乃天地之心也。非知道者，孰能識之。

一是王弼在《易經注》中說：

> 復者，反本之謂也，天地以本為心者也，凡動息則靜，靜非對動者也，語息則默，默非對語者也，然則天地雖大，富有萬物，雷動風行，運化萬變，寂然至無，是其本矣，故動息地中，乃天地之心見也，若其以有為心，則異類未獲具存矣！

這兩者的解釋，表面上是針鋒相對，因為伊川所謂「先儒以靜為見天地之心」，正是指的王弼。但王弼「靜非對動者也」一語，已加深、加廣了「靜」的意義。如果我們仔細分析他們的注釋，不僅可以看出儒道兩家路向的不同，而且還可以看出儒道兩家殊途同歸之處。

先就《易經》的〈復卦〉來看，該卦的六爻是䷗，初爻是陽，其

餘五爻都是陰。這說明了一陽復始萬象更新。這一陽的潛在地中，即是宇宙的生機。這生機終將衝破冰冷的地殼，展現出來。所以儒家能體認這一陽復始的復，天行健君子以自強不息，勇往直前，毫不退縮。

這個復，在老子的眼中，便是歸根復命的復。老子曾說「反者，道之動。」這個反字有二義，一是相反的反，一是歸返的反。由於《老子》書中相反的反談得很多，因此許多人研究老子只看到相反的反，而忽略了歸返的反，殊不知復返的反，才是老子精神之所在。他在十六章上便說：

> 致虛極，守靜篤，萬物並作，吾以觀復。凡物芸芸，各復歸其根，歸根曰靜，是謂復命，復命曰常。

這裏所謂觀復，就是觀其歸根。而歸根曰靜，這好像是由動到靜，由生到死，那裏還有命可言。其實這裏所謂歸根曰靜，就是回到道體，欲念俱消，這樣才真正回返到生命的本真。這樣才進入了天地的常道。所以老子的復歸於靜，乃是「生」的再創造。老子有得於天地之心的乃是死中求生，起死回生之路。

2.助成：

在認清了天地生生之理後，緊跟著最重要的問題，是我們如何助成天道的化育。因為天地雖然以生物為心，但真正能使萬物發育成長，還離不了人的助成之功。

《易經》上所謂三極之道，是指天地人的三才。也就是說天地必

須配合了人，才能成化育之功。《易經》上一再的強調：「神而明之存乎其人。」(〈繫辭上〉傳十二章)

　　苟非其人，其道不行。(〈繫辭下〉傳八章)
　　夫大人者，與天地合其德。(《易·乾文言》)

可見人的重要性，所以《禮記·禮運》上更直截的說：「人者，天地之心也。」人之所以為天地之心，乃是由於靠人才能使天地之心得以發用。

　　就儒家思想來說，不僅孔孟子思強調人能助成天地之化，就是荀子也主張「天生人成」的道理。其實，就助成方面來說，為天地立心，要算荀子做得最為具體，最為透澈。歷來有很多學者，看到荀子在〈天論〉篇中說：「天行有常，不為堯存，不為桀亡。」認為荀子的天，是自然的天，再推為無意志的天，再推為物質的天，機械的天。他們看到荀子強調人為，要制天命而用之，便認為荀子竟是培根的「戡天主義」(Conquest of Nature)（即胡適《中國古代哲學史》）。其實，荀子的天，並不是機械的、物質的，因為荀子只是強調天沒有意志上的好惡，「不為堯存，不為桀亡。」但卻仍然是有一種感應作用，「應之以治則吉，應之以亂則凶。」不僅如此，荀子在〈天論〉篇中，更特別替神下了定義：

　　　　列星隨旋，日月遞炤，四時代御，陰陽大化，風雨博施，萬物各得其和以生，各得其養以成，不見其事而見其功，夫是之謂

神。

荀子此處的神和《易經》中的神，並沒有多大差別。可見荀子的天中，仍然保存了某些神性。只是這個神並沒有活靈活現作威作福，而是顯現在萬物之用中，如〈繫辭上〉傳所謂「藏諸用」。至於荀子雖然強調人為，但並沒有要我們去征服自然，干涉自然。他雖然說：

> 大天而思之，孰與物畜而制之；從天而頌之，孰與制天命而用之；望時而待之，孰與應時而使之；因物而多之，孰與騁能而化之；思物而物之，孰與理物而勿失之也；願於物之所以生，孰與有物之所以成。故錯人而思天，則失萬物之情。（〈天論〉）

這裏所謂「制之」，「制天命」，並不是用力去制服的制，而是裁制的制，是根據其理路，加以裁成的意思。所以荀子的用意，並不是要我們去戡天，征服天，而是要我們順萬物之情態，善加利用，如他所謂：

> 其行曲治，其養曲適，其生不傷，夫是之謂知天。

這裏的「曲」字，就是順萬物的情態。而萬物的情態，就是天地之心的表現。所以能「其行曲治，其養曲適。」使天地賦予我們的生生之體，不受損傷，這就是知天，這就是天人合一。

了解到這一層，我們就可以確認荀子也是要為「天地立心」，只是

他強調人應發揮自身的功能，來善用萬物，以助成天地之化。

今天，我們很多人誤解了荀子，其實，荀子的思想是承乎《易經》的開物成務，接乎孔子的實踐精神。可說也是切切實實的要「為天地立心」。

二、為生民立命

前面，我們談到中國哲人為天地立心，最後一節是人的助成之功。人既然是「天地之心」，是萬物中最具有靈智的，那麼人對於天地生生之德所負的任務也愈重。再者由於「天地不自生」，它是把一切生生之德交給人去繼續發展，發揚光大的，所以人所處的，是一個轉捩性的地位。

因此，在這裏，我們有一個問題，假定人都能善盡其「天命之謂性」，那麼就如〈中庸〉所說：

> 能盡其性，則能盡人之性，能盡人之性，則能盡物之性，能盡物之性，則可以贊天地之化育，能贊天地之化育，則可以與天地參矣！

這樣一來，人自然能完成天地生生之德了。然而事實並不是如此理想。

人性有時候會遮蔽，會沉落。這時，非但不能盡其性，擔負起天地交給他的任務；相反的，還阻礙了天地生生的變化。

為了這個原因，所以我們在談過為天地立心之後，緊接著要談談「為生民立命」。

㈠「命」的幾種意義

在談到「為生民立命」之前，我們先要看看這個「命」究竟是指的什麼？

這個「命」字，除了作動詞用，和思想無關的「命令」外，歸納起來，大約有四種，即天命、運命、生命和慧命。

在先秦的古書中，用得最早而且最多的，是天命，如《易經》：

> 動而健，剛中而應，大亨以正，天之命也。（〈震卦象辭〉）
>
> 天命不祐。（同上）
>
> 利有攸往，順天命也。（〈萃卦象辭〉）

《論語》中也屢言天命，如

> 五十而知天命。（〈為政〉）
>
> 君子有三畏，畏天命……小人不知天命，而不畏也。（〈季氏〉）

有時候，雖只講一個命字，卻是指的天命，如《易經》：

窮理盡性以至於命。(〈說卦〉)

《論語》中所謂：

不知命無以為君子也。(〈堯曰〉)

由於天命是受之於天，理有固然，因此逐漸轉化而為運命。運命兩字在先秦古書中，只簡寫為一個命字，用得也很普遍，如《論語》：

死生有命，富貴在天。(〈顏淵〉)

《孟子》：

莫之致而致者，命也。(〈萬章〉)

《莊子》：

知不可奈何而安之若命。(〈德充符〉)

由於天命下降人身，下降於萬物，因此只要具有天地生生之德的一環，而能傳遞這生生之質的，就稱為生命。如《左傳》：

民受天地之中以生，所謂命也。（成十三年）

《易經》：

乾道變化，各正性命。（〈乾卦象辭〉）

《論語》：

士見危致命。（〈子張〉）

《莊子》：

願天下之安寧，以活民命。（〈天下〉）

以上天命、運命、生命，可說都見之先秦哲學的著作中，唯慧命一詞是來自於佛學，《佛學大辭典》上解釋慧命說：

法身以智慧為壽命，智慧之命夭傷，則法身之體亡失，蓋慧為法身之壽命。

雖然先秦古書中不言慧命，但張橫渠的四句教中「為生民立命」一句，在《近思錄》中是「為生民立道」。可見此處立命之命，實有修道之意。

在《孟子‧盡心上》也有：

> 盡其道而死者，正命也，桎梏死者，非正命也。

可見正命，即盡道之命。所以我把慧命也列入了「命」的範圍。其所指的，乃是精神的生命、道德的生命。尤其在「為生民立命」上，這一命卻極為重要，是一大關鍵。

㈡為什麼要為生民立命？

了解「命」有以上天命、運命、生命和慧命四種之後，接著我們再來看看中國哲人為什麼要「為生民立命」。「立命」兩字最早見之於《孟子》：

> 盡其心者，知其性也；知其性，則知天矣。存其心，養其性，所以事天也。夭壽不貳，修身以俟之，所以立命也。

從《孟子》這段文字中，可以看出，盡心知性、存心、養性，是屬於慧命；知天、事天，是屬於天命：夭壽是屬於生命及運命，修身又是屬於慧命。

現在，我歸納《孟子》這段話，再加以中國哲人們「為生民立命」的原意，做成了以下一個表：

$$立慧命以達天命 \begin{cases} 立慧命以制運命 \\ 立慧命以化生命 \end{cases}$$

我所做這個表和孟子的那段話正好是相符的,所謂「立慧命以達天命」,正是孟子盡心、知性以知天,及存心、養性以事天的意思。我所謂「立慧命以制運命」、「立慧命以化生命」,也是孟子所說「夭壽不貳,修身以俟之」的意思。

接著,我要說明這個表的用意。

1.本表以慧命為一個重要關鍵,它上可以通天命,下可以制運命、化生命。然而為什麼我以慧命為關鍵呢? 因為天命是理之本然,不是我們人力所能為的。而生命也有一定的長短和年限(醫藥的發達和衛生的加強,也只是免除生命不必要的浪費,並不能使我們長生不老,羽化成仙),所以也不是我們能隨意控制的。至於運命,從這兩個字的命意上,已是不可為的了。《論語》中「子罕言利與命與仁」,孔子所罕言的命,即是指天命(《論語》中只有兩章提到天命,乃「五十而知天命」及「畏天命」)、生命及運命。所以真正能操之在我的,乃是重視精神道德的慧命。

2.立慧命何以能達天命?〈中庸〉上說:「天命之謂性。」可見天命下貫就是我們的性。性是徹上徹下相通的。先哲用「天命」兩字本有兩個層次,一是指天道的流行而言,一是指下貫為性而言。這兩層本

是相通不可分的，所以只要我們在心性上下工夫，便能達天命。否則，如果不在心性上下工夫，而專門談天命，談來談去，始終只在形而上方面作觀念的遊戲而已。所以空談天命於事無補，空談天地之心的功能、轉變，也於人生無益。唯有先從自己心性上下工夫，立慧命，使精神道德能夠上揚，則自然能夠達天命了。〈中庸〉上所謂：「誠者，天之道，誠之者，人之道」。誠者是天命，誠之者，就是立慧命。

3.為什麼要立慧命以制運命呢？上面我們曾分析過先哲除了少數地方直接寫「天命」兩字外，很多地方都只是用一個命字去指天命。同時在提到運命時，也只用一個命字。所以天命和運命這兩個觀念極易混淆。其實，天命和運命在源頭上，本來就是一體的兩面。譬如「死生有命」的命字，也可指天命，也可指運命。因為死生也屬於天命的流行，該死的時候活不了，該活的時候也死不成。後來逐漸變成命定，成了運命，也就變為宿命論。於是不僅生死，什麼都推給了命運，以致自己不努力，不振作，走向了頹廢，這樣根本違背了「天行健君子以自強不息」的精神。所以天命和運命本是同一源頭，可是後來卻走向了相反的路子。兩者的不同乃在天命是開放性的，因為天地是以生生為心，所以我們體證天命，便應無限的向上發展，而運命卻是固定的，有限制的，有時我們往往自己假設命運來替人為失敗找藉口。我之所以強調「立慧命以制運命」，就是要確立道德精神，以衝破命運的束縛。

4.為什麼要立慧命以化生命呢？人的性命包含有兩部分，一部分是物質，一部分是精神。我把物質部分稱為生命，這是人和禽獸相同

的。我把精神部分稱為慧命，這是人比禽獸高明的地方。我在此處強調「立慧命以化生命」，並非否認生命的重要，因為沒有生命，天命和慧命都無所寄託。中國哲人自《易經》開始便都是強調物質和精神並重。我在此處用一個「化」字，乃是說明如果不能立慧命，而一任生命無限的發展，則只講食色的滿足，必致人欲橫流，道德掃地。今天西方社會便是走向這一路。這個「化」，並不否定生命，而是改善生命，如張橫渠所謂的「變化氣質」，使生命不致向下沉落，而是向上昇華。生命原有一股極大的衝力，如果我們能以慧命去淨化它，提攜它，則這股衝力，將使我們人性向上無限的開展。

㈢中國哲人如何為生民立命？

以上我們已看過立命的幾層意義，接著再看看中國哲人如何為生民立命。

先就《易經》來說，整部《易經》六十四卦都是講宇宙人生變化之事，但到了《易經》的〈十翼〉，如〈彖辭〉、〈象辭〉、〈繫辭〉上下傳等，可說都是以君子的道德精神為中心，譬如〈繫辭上〉傳九章，在談完了一大套占卜的方法之後，卻說：

顯道，神德行，可與酬酢，可與祐神。

所謂神德行的這個「神」字，作動詞用，是指使我們的德行通於神明，也就是由慧命以達天命。再如〈繫辭下〉傳五章中有一段話：

> 子曰：知幾，其神乎，君子上交不諂，下交不瀆，其知幾乎！
> 幾者，動之微，吉之先見者也。君子見幾而作，不俟終日。

知幾，即是知宇宙人生變化的消息，能知幾，即可上達天命，但此處孔子卻接下去說「君子上交不諂，下交不瀆」，這兩句話顯然又是指的德行，因為君子只要能遵著德行走，便一切生死存亡，一切禍福、命運，都不須過問。所以能「上交不諂，下交不瀆」，也是一種知幾。六十四卦的原始《易經》，其真義固然我們不敢確定，但發揮易理的〈十翼〉，是儒門之易，其精神就在於立慧命。使我們由立人之道的仁與義，能與天之道的陰陽、地之道的剛柔相配合。

接著，我們再看看孔子的思想，他自述平生的求學工夫是：

> 吾十有五而志於學，三十而立，四十而不惑，五十而知天命，
> 六十而耳順，七十而從心所欲不踰矩。

孔子由十五、三十，而四十，這是他在禮學上的不斷探索與實踐，也是他對慧命的確立，所以自五十而知天命之後便入化境。孔子一生又是經過了無數的艱難困苦。但由於他能立慧命，所以他在經過危險的匡地時，卻說：

> 天之未喪斯文也，匡人其如予何！

他在絕糧於陳蔡時，卻說：

> 君子固窮，小人窮斯濫矣！

這是他能立慧命，以打破運命的困阨，仍然繼續奮鬥。又如他說：

> 朝聞道，夕死可矣！（〈里仁〉）

這是寫他對道的希求，超過了自己的生命。又如他說：

> 發憤忘食，樂以忘憂，不知老之將至云爾。

便是他立慧命以化生命的境界。

以上是儒家，再說道家，在中國哲學家裏，講生命哲學講得最為透闢而深入的是莊子。我們就從他〈逍遙遊〉的第一段看起：

> 北冥有魚，其名為鯤。鯤之大不知其幾千里也，化而為鳥，其名為鵬，鵬之背不知其幾千里也。怒而飛，其翼若垂天之雲，是鳥也，海運則將徙於南冥，南冥者，天池也。

這段話，很多人都把它當作滑稽的寓言。其實這段話雖然是寓言，卻是整個莊子思想的關鍵。其中的一個化字，便是一把鑰匙。這裏的「化」，

雖然是指的變化。但變化有兩種，一種是平面進行的，一種是向上發展的。譬如由生到死的變化，經歷了嬰兒、兒童、少年、成年、老年，以至變成骷髏，再化為礦物質，這都是宇宙的物化，是平面進行的。另外，我們知識的增加、智慧的提昇、道德的日新，都是向上發展的。《莊子》在此處的這個化字，顯然是向上發展，用科學的名詞來說，就是「昇華」。因為昇華，是固體不經過液體的階段，直接變化為氣體。就像鯤一樣，不經過陸地，而直接化為大鵬。如果把這個寓言拿來解說我們所談的問題，那麼北冥，相當於我們所處的人間世。我們要從知上和德上不斷的提昇，才能淨化生命，才能上入天池，與天合一。

　　莊子處理命的問題，有兩套方法，一套是用命運的方法，《莊子》書中提到命運的地方很多，如〈大宗師〉：

　　　子輿與子桑友，而霖雨十日，子輿曰：「子桑殆病矣！」裹飯而
　　　往食之。至子桑之門，則若歌若哭，鼓琴曰：「父邪！母邪！天
　　　乎！人乎！」有不任其聲而趨舉其詩焉！子輿入曰：「子之歌詩，
　　　何故若是？」曰：「吾思夫使我至此極者而弗得也，父母豈欲吾
　　　貧哉！天無私覆，地無私載，天地豈私貧我哉，求之為之者而
　　　不得也，然而至此極者，命也夫！」

　　這裏的命是指命定的命，《莊子》書中像這種「死生有命」的命很多。因此常使人誤以為莊子是宿命論。而不知道莊子還有一套方法，就是由生命提昇為天命這一條路，卻不是命定的、自限的，而是開放

的，也就是說，我們無論是窮、是賤、是醜陋，只要能把握慧命，向
上發展，都可以成真人、至人、天人。試看〈德充符〉一文中所描寫
的那些最醜陋的人，缺唇、駝背，又斷腿，可說從頭一直醜到腳，可
是由於他內在之德的完美，卻使所有的人都跟從他，甚至國君都要把
王位讓給了他。

　　莊子這兩套方法，就是一方面對於那些生死窮困，和我們人力無
法改變的事，只有安之若命。如他一再的說：

　　　　知不可奈何而安之若命。（〈德充符〉）

另一方面對於人力可以改善的，他卻積極奮發，毫不退縮，如〈人間
世〉上描寫葉公子高出使於齊，心存恐懼，去找孔子，孔子（當然是
莊子假託的）說：

　　　　天下有大戒二：其一命也，其一義也，子之愛親，命也，不可
　　　　解於心，臣之事君，義也，無適而非君也，無所逃於天地之間。
　　　　是之謂大戒，是以夫事其親者，不擇地而安之，孝之至也。夫
　　　　事其君者，不擇事而安之，忠之盛也。自事其心者，哀樂不易
　　　　施乎前，知其不可奈何而安之若命，德之至也。

這裏把「子之愛親」、「臣之事君」，看成無所逃於天地之間，也就是把
孝和忠，看作天命之流行而安之若素，這不正是莊子立慧命以制運命、

以化生命、以達天命的工夫嗎?

三、為往聖繼絕學

現在我們來談談為往聖繼絕學。在談到這個問題之前,我們必須先有一個心理上的認識,因為今天很多人一聽到繼絕學,好像我們又在那裏一味的崇古。其實不然,今天我們解決人類的問題,不僅在橫的方面來說,要東西思想的兼融,同時在縱的方面,更應古今思想的互補。就同我們的人生一樣,不能有了今天,就忘了昨天,也不能今天是一種人格,明天又變成另一種完全矛盾的人格。在探索宇宙真理,解決人生問題的路途上,都是一點一滴的成就,我們如果不尊重前人的成就,那麼我們自己的成就,也得不到後人的尊重。這樣的話便始終走不出一條平坦的道路來。所以我們要繼絕學,並非一味的保守,一味的崇古,而是要把人類寶貴的經驗和智慧,永遠的傳下去。這「傳下去」,才是天地生生之德,也才是慧命的不朽。

好了,既然我們要繼絕學,就先看看什麼是絕學。

㈠什麼是絕學?

這個絕字,《說文》解作斷絲,後來引作斷滅,如絕國的「絕」。但這是平面上的發展。至於向上來講,高不可及,也稱為絕,所以又

引申為絕妙，絕招（按橫渠原意為後者，指精義，但本文落實來講，泛指學術，因學術之不斷，必然也為精義之有繼）。

然而學何以會絕呢？在此處，我們不談外在的原因，如政治的因素等。現在僅就學術本身的原因來說明，約可分為兩方面：

1.本身思想的不夠深切：

這又可分為兩點：

(A)路子過分狹窄：一種學術如果能傳之永恆，它的基礎必須寬，它的視野必須廣，這樣它對問題的解決才能深入。否則，只抓住某一點，只著重某一方面，雖然暫時也許能見效，卻始終是一偏之見。如墨家的只講功利，名家的只講名辭。

(B)理論過分高蹈：一種學術雖然創始自一二人的精研與苦思，但這種學術既然能為人所接受，它便成為大家的共業，因此它必須有平易近人的一面，使大家易懂易學。否則只有一己的妙想，永遠只有關在空中樓閣內去孤芳自賞。即使他想得很妙，堪稱一絕，但這一絕，也就把它的慧命給絕掉了。

2.後人繼承的走錯了路：

這也可分為兩點：

(A)只在表面上做文章：一種學術的創立，尤其是中國哲學，都有其智慧的體證、人生的經驗，和不斷的磨鍊與苦思。真是有血有肉，得來匪易。可是後人對於前代的學說，只求字面的了解，只在字面上做文章。譬如在我撰寫博士論文——〈中庸誠的哲學〉時，我為了看看誠字對以後哲學思想的影響，便遍閱《宋元學案》、《明儒學案》，發

現其中提到「誠」的語錄也不少，可是除了幾位大儒有新意外，其餘的，論來論去，都是在做文章而已，根本沒有對〈中庸〉論誠的精義有深入的分析，也沒有較新的發揮。這樣的話，在表面上，好像後來的人都在論得極為熱鬧，以為是後繼有人，其實，只在鬧哄哄的憑弔，慧命卻早已絕了。

(B)運用方法上的偏差：一種學術如果是健全的話，它本身就是一個有機體，各部分都能和諧配合，相輔相成。可是後人傳承前人的學說，往往就自己興趣之所及、研究之所限，以及個人另有野心，只抓住該一學術的某一部分，任意引申或故意枉曲，以至於使該學術的流變走向了歧途。譬如老子思想：一變而為縱橫兵家之法，再變而為神仙鍊丹之術。

(二)中國哲學裏的絕學

以上我們已簡略分析了學之所以絕的幾個原因，現在我們再看看中國哲學裏有那些絕學。在這裏，我須特別聲明的是，中國哲學在春秋戰國時代號稱諸子百家，直到今天，變成絕學的有不少，如果我們一一去分析，實在是不可能的，所以我在此處僅舉先秦最重要的五家，再加上易學一家，來看看它們的發展情形。

1.名家：

名家的人物雖然可以追溯到鄧析，但真正可作代表的卻是惠施和公孫龍，他們都活在莊子同時及稍後。時間已臨戰國中期之後，到了戰國末期，可說已成為真正的絕學。名家之失傳，在中國哲學史上，

的確是一大損失。因為他們討論的問題，多屬知識論、方法學，如果能繼續發揮，必大有可觀。唯可惜他們只有方法，缺乏內容，再加以公孫龍以後的辯者涉於詭辯，以致使名家不受大家注意，而成絕學。

2.墨家：

墨家的內容有兩部分，一部分是講兼愛、非攻等有關政治、社會、經濟方面的問題。在戰國初年，雖然成為顯學，但到了孟子之後，這部分的思想卻成了絕學。主要的原因在《莊子・天下》篇中已寫得很明白，就是它講功利，太過偏狹，不合人心，墨子雖能做得到，「其奈天下何」？墨家的第二部分，就是戰國末期所衍生成的墨辯，這一部分與名家的關係很深，但可惜只有零碎的定義，沒有一套高明的思想內容，使這套墨辯得以展其所長，所以到了戰國末年也成了絕學。

3.法家：

法家在中國上古思想裏也是一大學派，尤其到了戰國末年，在政治上也產生了極大的影響，他們追求法的公平性、準確性，也是把理客觀化。在這方面他們是有功於學術的，可惜他們的思想深度不夠，偏於一面，因此流於刻薄寡恩，儘管他們在秦始皇時，曾大出風頭，儘管他們在秦朝以後，也時常為君主所使用，如漢武帝表面獨尊儒學，但實際上卻多用法吏之士，如張湯杜周之輩。然而這些都只是術的運用，法家所重視的真正的法，卻始終沒有開展出來，所以其真精神也已絕了。

4.道家：

道家以老莊思想為主，老子思想在戰國時期已流行，但在其發展

過程中，一變於縱橫兵家，再變於黃老治術，三變於丹鼎神仙，四變於魏晉玄談。這些流派可說都是發揮或運用老子思想的一偏，他們對老子思想的推擴雖然大為有功，但在運用上卻有利也有弊。其弊則使老子思想變了質。甚至走入與原來思想背馳的路子。至於莊子思想，雖成於戰國中期左右，但到了晚期已滲雜了許多不純的成分，直到魏晉，卻為放浪的清談所誤用。此後莊子思想的逍遙常與放任和玩世不恭混為一談，而產生了許多不良的影響。所以老莊雖然在今天，還被許多學者所推崇，其學未絕，但其精神卻仍然要嘆知音之稀少了。

5.儒家：

儒家自孔子開創後，至孟子時便力量單薄，到了荀子以後，便為法家所奪，差不多將絕。到了漢武帝雖然獨尊儒學，但卻不能重用儒生，儒學便成為章句訓詁之學，便成為利祿養老之學（按此處用養老兩字，乃是指這些儒生專治一經，而不能為用，所以只是靠利祿而養老），所以儒家的精神已失，這一失，就失了好幾百年，由漢、魏晉南北朝，直到隋唐，儘是印度佛學的天下，總算挨到了宋代，產生了一些理學家，高呼繼絕學，以恢復儒家的道統為己任。在這裏，我們已可看出在中國哲學上被公推為主流的儒家，尚且時斷時續，幾度面臨絕學的命運。就拿近代來說，儒家在民初的遭受無端的攻擊，今天在大陸上的遭受有意的破壞，雖不絕，也岌岌可危了。就儒家思想的這種遭遇來說，並不是孔孟思想本身的不健全，而是後人運用上的偏差所致。

6.易學：

易學的發展自〈十翼〉開始，把占卜的《易經》提昇入哲學的園地。〈十翼〉的內容除了少數幾篇雜於象數，不夠純正外，其餘如〈彖辭〉、〈象辭〉、〈繫辭〉上下傳等，可說都能代表儒家形而上的精神。可惜自漢以後並未能抓住這種精神，只就象數上發揮，講旁通、講爻辰、講納甲、講卦氣，講得五花八門，使得易學的真精神反而湮沒不彰。直到宋儒，恢復道統，雖然把易學再轉回到儒學的路上，可是他們受了佛學影響，於理上，又談得過分高妙，並未能抓住易學在事上的開發精神。直到如今，一方面有某些史學考證家的任意曲解，把《易經》看作生殖崇拜，另一方面又有某些科學家們，拿數理之學來比附解釋，弄得整個《易經》的園地，熱鬧是很熱鬧，卻不知為了個什麼？使得有許多頭腦冷靜的學者，往往保持距離，不敢涉足。所以今天雖然仍有很多人在大談《易經》，甚至就天文、醫學來談《易經》，可是《易經》的真精神究竟如何，卻仍需我們澄清，仍需我們去發掘。

㈢我們應如何為往聖繼絕學？

最後我們將談談如何為往聖繼絕學，關於絕學兩字，在前面已分析過，現在的重點是在一個「繼」字。一般人聽到這個「繼」字，都把它當作繼承講，其實這只是一部分的工作，真正的「繼」，依我的看法，至少有三點，一是繼承，二是發展，三是創新。接著，我們就從這三點來談談如何為往聖繼絕學：

1.繼承：

這是對古代思想的承接。有兩項工作須做：

(A)具有分析力的正本清源：我們對於往聖的思想，不能囫圇吞棗的接受。前人對古代哲學的研究，都喜歡一味的頌揚，或抓住一點，大加發揮，很少能冷靜的加以分析。這種分析力可說是今日科學上的一種很好方法，我們應該利用這種方法來解析古代的哲學，要剝筍似的剝出它的真正精神來。

(B)具有批評性的檢討其演變：在一某派學術的演變中，一定有後人附加的、歪曲的，及偏鋒發展的，對於後人的運用，我們並不是一概的抹煞，而是加以檢討，對於那些即使是後人附加，卻另有新見的，仍須肯定其價值，至於那些歪曲和不良的影響及運用，當然必須加以批駁。譬如值得肯定的，王弼之於易，伊川之於易，應該批駁的，漢代象數之易，宋代圖書之易。

2.發展：

這裏所謂的發展，和前面所指後人對該學術的研究的演變不同，而是指向外的推廣。我們要知道一種學術如果僅限於學園內的研究，而不能向外發展（我此處所謂向外發展，包括影響國計民生等），那麼這種學術，便同瓶內的花朵，即使能盛開一時，終究會枯死的。在這裏我所謂的發展，也有兩方面：

(A)把握人心以求普遍化：一種學術固然有其高深的理論，但卻應有平易近人的一面，才能使該種學術，深扣人心、植根人心。舉個例子來說：圍棋的工夫，像林海峰一樣可以下得出神入化，當然其理論是非常高深的，但其基本的步子，小學生也會下，也可以玩得不亦樂乎！這樣才能普遍，否則只有一二人會玩的，當然便只有變成一絕了。

學術也是如此，如果你講的理論、寫的著作，只有一二人能懂或者只有研究生才能看，無論寫得再高明，也只能作為貴婦人手上的金剛鑽，成不了發熱發光的木炭，使得那些貧窮的極大多數民眾可以取暖。

(B)把握時代以求國際化：今天東西方文化已經碰頭，因此我們的學術也不能再關閉在自己的天地內，而必須作某一部分的修改，以求應變。關於這一點，我們已有前車之鑑，那就是自魏晉南北朝直到隋唐，將近六、七百年間，印度佛學的大量輸入，由於傳統的中國哲學無法應付，所以這六、七百年間，全是佛學的天下（幸好印度沒有侵略的野心，否則我國岌岌可危），直到宋代，才出來許多理學家挽救了這一頹勢。理學家之所以能復興儒學，就是由於他們都是出入佛家十幾年，了解佛學的理論和方法，然後再運用這種方法來治中國哲學。所以宋儒能夠融合佛家的方法，而成為新儒學，使儒家的思想有了新發展，而取代了佛學在中國哲學上的獨霸地位。今天我們的哲學也必須進入國際市場。今天東方哲學在國際上最受歡迎的恐怕是禪學，而禪學之所以能進軍西方，主要是由於鈴木大拙用西方人的方法來傳播禪學，其實禪學本是中國的思想，而我們在這方面的努力卻做得不夠。不過禪學被日本人拿去搶盡鋒頭，我們倒不必惋惜，因為在中國哲學裏，禪學並不是主流，今天我們要真正把儒家思想帶入西方社會，要把孝、把倫理，在他們的家庭、在他們的社會中生根。這樣，我們的哲學才是國際性的，也才是廿世紀或廿一世紀的。

3.創新：

以上繼承和發展只是就學術本身來說，但一家學術不能老拿舊有

的一套思想去應變，它還必須吸收新的血輪，以求強健不息。所以最後，它還需要創新。在這方面，也有兩部分的工作：

(A)主動地融合外來的思想：前面在發展的第二節中我只是強調應運用西方哲學的方法來治中國哲學，使中國哲學向外發展。而此處，所指乃是融合西方的哲學。這是兩回事。自民國以來直到今天，在東西哲學的交流中，我們所做的，仍然只限於拿西方的方法來治中國哲學，而且做得還不夠理想，不夠成熟，只是拿許多生硬的觀念套在中國哲學身上而已，如一元二元、唯心唯物、宇宙論、本體論等。至於真正把西方哲學融入中國哲學，依我看來，根本沒有摸到邊。我在這裏用了主動兩字，大有文章。因為直到現在我們還是被動的，受制於西方的船堅礮利，受制於西方的物質文明，這樣的拿西方哲學來研究中國哲學，愈研究愈洩氣，也愈萎縮了中國哲學，我所謂主動，就是我們先要把握住中國哲學的精神，拓寬中國哲學的心胸，然後，有自信，有獨立性的，吸收西方哲學的精華，來壯強我們自己的陣營。

(B)直接地面對今日的問題：一切學術都是為了解決問題而生的。孔子在當時，決無意於要做一個學者，而是要做一個真正能解決人生問題的聖者。今天，我們要發揚孔子思想，不只是把《論語》背得滾瓜爛熟或作考證注疏，而是把握孔子思想的精神，來解決現實的問題。因為孔子在當時也是要解決當時的問題，孔子如果生在今天，也不會拿他的《論語》要我們去死背，要我們去作疊床架屋的解釋。所以今天我們發揚先哲思想最好的方法，就是從活生生的宇宙中去探索真理，從活生生的社會中去實踐理想。

四、為萬世開太平

這個論題，恕我無法作正面的詳細的分析，主要原因有二：第一是因為這個論題牽涉得太廣，包括了學術、政治、經濟、社會、科學，甚至外交等各方面的問題，而我個人學識淺薄，實在不敢，亦無法去侈談這些問題。第二個原因，是我在這裏要賣一個關子，故意不談。不過我還沒有禪宗大師的那股狠勁，真的閉口不談。我還是要談，只是不從正面談，而從反面談。只是要談談：我為什麼故意不談。

㈠何謂太平？

首先我們要破題，看看什麼叫做太平？

按太平兩字在先秦古書中提到的不多，《老子》三十五章有：

　　執大象，天下往，往而不害，安平太。

把太平兩個字倒了過來。河上公的注就說：

　　萬物歸往而不傷害，則國家安寧，而致太平矣。

如果老子的安平太，就是安太平的話，那麼依我看，可能這是太平兩字最早的提出了。而老子的學說，也是開太平之學。事實上，老子的理想，的確也是一種太平的社會，如八十章所描寫：

> 小國寡民，使有什佰之器而不用，使民重死而不遠徙，雖有舟輿無所乘之，雖有甲兵無所陳之，使民復結繩而用之，甘其食，美其服，安其居，樂其俗，鄰國相望，雞犬之聲相聞，民至老死不相往來。

這是一個文明發展到高度之後的返純歸樸的社會。雖然以今天的眼光看來，不夠積極，但卻是道家的太平社會的理想。

另外在《禮記・大學》篇中提到「平天下」，自然是指的使天下太平。唯可惜的是〈大學〉的作者也賣了個關子，只談到治國，認為國治而後天下平，而對於平天下的情形卻一字未提。但幸好在《禮記》一書的另一篇〈禮運〉中，卻提到大同的社會：

> 大道之行也，天下為公，選賢與能，講信修睦，故人不獨親其親，不獨子其子，使老有所終，壯有所用，幼有所長，矜寡孤獨廢疾者，皆有所養。男有分，女有歸，貨惡其棄於地也，不必藏於己，力惡其不出於身也，不必為己。是故，謀閉而不興，盜竊亂賊而不作，故外戶而不閉，是謂大同。

這是一般公認儒家的理想——大同社會（當然也有人懷疑其成分不夠純粹）。

以上是儒道兩家對天下太平的看法，雖然兩者的理趣不同，但有一個基本的共同特色——沒有私欲。

沒有私欲就不會爭，不會爭便不會有戰亂，所以儒道的這兩個境界，一是「雖有甲兵而無所陳之」，一是「謀閉而不興，盜竊亂賊而不作」，都是沒有戰亂的，所以太平也就與和平成了相同的名詞。這在古代的確如此，因為一個國家如果沒有外患，沒有內亂，社會自然能太平安寧，即使有水旱的天災，也只是偶然的現象而已。

(二)中國哲人對為萬世開太平的貢獻

如果問到中國哲人對「為萬世開太平」的貢獻如何？這個答案也許我們不能從正面去答覆，因為在中國歷史上，尚沒有完全出現過如《老子》及〈禮運〉篇所描寫的理想境界。

如果我們走馬看花的看一下中國的歷史，只可以看出中國哲人們的這一「為萬世開太平」的理想，在現實的政治上是受到了各種條件的限制，未能達到預期的效果。試看在先秦諸子百家中，司馬談在〈論六家要旨〉一文裏，只歸納為儒道墨名法陰陽，認為這六家都是「務為治」的，而在這六家中，陰陽家泥於小數，未能走上正途；墨家過分急功近利，未能發揮；名家拘於名實，也未能成氣候；只有儒道法三家在以後的政治上產生了作用。本來，如果把這三家配合得好，是可以致治的，最理想的間架是，以儒家為主，道法為輔，可惜在中國

歷史上，孔子只做過三個月的魯司寇，雖然治績很好，但此後孟荀等都未走上政治舞臺。至於道家則始終與隱士結了不解之緣。因此真正出來統一戰國政局的都是法家，是由韓非和李斯扮演了重要的角色。不幸真正掌權的是李斯，李斯害死了韓非，襲取了韓非的某些思想，而自己又沒有韓非的高明，不能把握住韓非的黃老之術，因此造成了秦始皇的極權，使得中國哲學無法在政治上開出美麗的花朵來。

到了漢初，文帝用黃老之術，這是中國哲學在政治舞臺上的牛刀小試，文帝就是用了老子的三寶，而造成了漢初六七十年的文景之治，這在中國歷史上也是可圈可點的，唯可惜，這段時期偏用道家，所以也只能做到休養生息而已。到了漢武帝獨尊儒學，在表面上，似乎要把儒家的一套政治哲學完全實踐出來，但可惜漢武帝「內多欲而外施仁義」，自己不能重用儒生，他所聽信的，又都是張湯和杜周等刀筆吏。所以漢武一朝內，也沒有偉大的儒生，這也就是造成漢朝國勢逐漸衰微的原因。

接著魏晉南北朝幾百年間，由於一連串的戰爭，及執政者如曹操、司馬懿父子、趙王倫等，都是採用法吏的作法，動輒殺害讀書人，如楊修、何晏、嵇康、鍾會、張華、陸機、陸雲等都免不了殺戮的命運，因此這段時期內，儒學空虛，道學又變了質，這些學者們都躲在竹林內去談玄了。此時，在哲學上值得一提的是印度佛學的大量傳入，但無論佛學如何高妙，畢竟與傳統哲學的內聖外王思想格格不入，所以此後，第一流的思想家都做了和尚，中國哲學「為萬世開太平」的理想也就無法實現了。

到了唐初，太宗時，有貞觀之治。《資治通鑑》和《舊唐書》中都
盛稱此時，外戶不閉，天下太平。這不僅由於太宗本人有儒家的理想，
尤其他所用的人才，如房玄齡、溫彥博、魏徵等，都是一代名臣，試
看魏徵的〈諫太宗十思疏〉中的十思：

> 誠能見可欲，則思知足以自戒；將有所作，則思知止以安人；
> 念高危，則思謙沖而自牧；懼滿溢，則思江海下百川；樂盤遊，
> 則思三驅以為度；憂懈怠，則思慎始而敬終；慮壅蔽，則思虛
> 心以納下；想讒邪，則思正身以黜惡；恩所加，則思無因喜以
> 謬賞；罰所及，則思無因怒而濫刑。

便是儒道思想的結晶。由於君臣的配合，才形成了貞觀之治。

此後宋元明清，雖然儒學很發達，可是國勢卻一直很衰微，有些
學者常以此詬病宋明儒家高談性理，不切實際，所謂「平時袖手談心
性，臨危一死報君王」，於事無補，但也有許多學者認為宋代之衰，外
在的原因很多，要不是有理學家在那裏撑持著，恐怕早就亡了國。而
且宋明兩度亡國，又能亡而再復，甚至在文化上又同化了入侵的異族，
這未嘗不是理學家們在文化上辛苦奮鬥的功勞。

由以上的簡述，可以看出中國哲學在實際政治方面的努力，雖然
尚未達到最理想的境地。但由宋明理學家們對道統的復興，對文化持
續的努力，使我們得到了一個啟示，就是中國哲人在「為萬世開太平」
上所做最偉大的貢獻，就是使五千年來的文化雖然經過不少朝代的興

衰，經過不少外族的侵淩，卻仍然屹立不衰，而且繼續發揚光大。

　　中國哲人如何持續五千年來的中國文化？就是我們的哲人自堯舜禹湯文武周公孔子開始，其間無論是孟荀，無論是老莊，一直經程朱、陸王，直到國父和蔣總統，都緊抓住精神道德，往上提昇。

　　這一向上提昇的精神道德，就像黑暗中的火炬，儘管在歷史上，也曾摔過跤，但只要這點聖火能夠持續下去，我們就有希望，總有一天，會照出太平之路來。

(三)開太平的基本關鍵

　　然而為什麼持續這點精神道德，就能開太平？關於這個問題，我先引證西方鼎鼎大名的社會學家素羅金 (P. A. Sorkin) 的話，他在《社會的動力學》一書中曾謂，今天西方社會可說沒有一根神經不錯亂，沒有一處不是毛病，已到了六百年感性文明的世紀末，真個是夕陽無限好，只是近黃昏。不過素羅金氏還是很樂觀，他以為過了這段黑暗，就是光明，一個新的理想的精神文明已在向我們招手，等待我們奮鬥的邁向前去。

　　如果用我們剛才的話來說，這個感性的文明，就代表現在的困境，而理想的精神文明，就是我們要開的「太平」，那麼究竟要如何由感性文明過渡到精神文明呢？

　　依據素羅金氏在〈瓦解中的感性文明〉一文中的描寫，我把它歸納起來可分為以下幾個步驟：

1.最先是西方文化中價值觀念的衰退：

他說：

> 最後，西方文化的破損，也將導致文化價值的退化。感性的規條，慢慢由虛假的規範所代替。那些有資格的裁判者，也讓位給一些無知之徒；這些無知之徒壟斷了新聞事業，電視事業，裁判事業，和文化事業。政客取代了政治家的位置，關心人民生活的統治者，也讓位給那些熱中權勢，不關心人民生死和人生價值的殘暴者，感性文化最終的階段，將是它的「規範基礎」的改變，虛假的「價值根基」將取而代之，完全忽略了正確的價值觀念。

2. 逐漸的社會人心分成兩種趨勢：

他說：

> 轉型期間，社會的靈魂可分為兩面：一面是「及時行樂者」的天下，另一方面則是理性的，無利害關係的，陰性狀態的領域。兩者是互相對抗的，社會本身也分成兩派，一派只顧「吃、喝、愛情，因為明天是渺茫的」犬儒學派。另一派則從感性世界逃出來，到清靜之地潛修的苦行者，和聖人……這兩種分類一直發展下去，將越來越走極端，到了轉型期已經渡過，以及「及時行樂」派的極端享樂主義者全然死去，理念型系統便取得了支配權。

3.轉型的完成是價值觀念的徹底轉變：

　　他說：

　　　　當感性文化興盛之時，睿智的人都踏入科學工藝的領域；但是，
　　　　當理念文化復興之日，他們都相繼地成為聖保祿，聖奧古斯丁，
　　　　聖湯姆斯亞寇拉斯，以及其他宗教的領導者。這些天才人物的
　　　　改變，正是一個文化轉型到另一個文化所必有的現象。

他認為在感性文化期，哲學上出現了許多感性哲學家，他們會寫出「感
性哲學體系」及「科學性哲學」，來掩飾科學和哲學的空虛。在社會學
上，也出現一群學者所組成的「研究團體」或「社會科學委員會」來
領導，在文學藝術上，也都由一群「音樂製造匠」、「戲劇製造匠」、「小
說製造匠」所操縱，這些製造匠是被他們所製造出來的作品價格的高
低所決定。而到了理念的文化期，則像笛卡兒、康德、蒙德斯鳩、亞
當斯密、莎氏比亞、歌德、貝多芬等哲學家、社會學家、文學家等的
地位重新抬頭。

　　我之所以特別引證素羅金氏的看法，並非他的見解如何高明，能
夠解決問題，而是他的這一想法，正可以證明中國哲學，在為人類開
太平的歷程中的重要性。因為從感性文化轉型到理念文化，最重要的
關鍵，就是價值觀念的轉移，其實是價值觀念的上升。而價值觀念的
上升，不是順著人類社會的自然發展便能達到的，相反的，人性必須
要激勵、要提撕，才能向上發展。而中國哲人自堯舜禹湯也好，自孔

孟老莊也好，可以說薪盡火傳的，都在持續著這點精神道德向上的火把。西方學者說：「二十一世紀是中國的。」這並非是說二十一世紀是中國武力獨霸的局面，而是認為人類文化如果不消滅，而有二十一世紀的話，應該是一個精神文明的世紀，而在這樣一個世紀裏，中國的文化將占著一個極為重要的地位。

中華民國六十四年七月廿七日應教育部社教司之邀，講於臺北實踐堂

中華道統與國父的哲學思想

一、什麼是道統

1.道統和傳統的不同：

　　今天一般人常把道統和傳統相混，由於他們受到西方反傳統思潮的刺激，因此也就對於道統加以輕視、厭棄，正如老子所說的：「下士聞道，大笑之，不笑不足以為道。」其實道統和傳統不同，道統是指我們的古聖先賢所傳下來的一套生存原則，奮鬥精神。不僅過去需要它，今天更是離不開它。至於傳統乃是過去留下來的一套思想習慣，其中有萬古常新的，也有不合時宜的，對於萬古常新的，我們必須接受；對於不合時宜的，我們可以把它加以修正。

2.道統兩字的強調：

　　對於道統兩字，解釋得最為具體的是朱子的《中庸章句・序》一文，在該文中，他一開始便說：

　　　〈中庸〉何為而作也，子思子憂道學之失其傳而作也，蓋自上
　　　古聖神，繼天立極，而道統之傳有自來矣，其見於經，則允執
　　　厥中者，堯之所以授舜也。人心惟危，道心惟微，惟精惟一，
　　　允執厥中者，舜之所以授禹也。

接著又說：

> 夫堯舜禹，天下之大聖也。以天下相傳，天下之大事也。以天
> 下之大聖，行天下之大事，而其授受之際，丁寧告戒，不過如
> 此。則天下之理，豈有以加於此哉！自是以來，聖聖相承，若
> 成湯文武之為君，皋陶伊傅周召之為臣，既皆以此而接夫道統
> 之傳。若吾夫子，則雖不得其位，而所以繼往聖，開來學，其
> 功反有賢於堯舜者。然當是時，見而知之者，惟顏氏曾氏之傳
> 得其宗，及曾氏之再傳，而復得夫子之孫子思。

最後又說：

> 自是而又再傳以得孟氏，為能推明是書，以承先聖之統，及其
> 沒而遂失其傳焉，則吾道之所寄，不越乎言語文字之間，而異
> 端之說，日新月異，以至於老佛之徒出，則彌近理而大亂真矣。
> 然而尚幸此書之不泯，故程夫子兄弟者出，得有所考，以續夫
> 千載不傳之緒；得有所據，以斥夫二家似是之非，蓋子思之功，
> 於是為大，而微程夫子，則亦莫能因其語而得其心也。

由上面的徵引中，可以看出朱子之所以特別強調道統，就是為了
排斥佛老兩家之偏。而道統兩字之所以為宋明儒家所樂道，形成了一
種運動、一股力量，也就是基於這種補偏救弊，維繫人心的偉大動機。

二、道統思想的精神

在中國古代的文獻裏，最早介紹道統的承傳，而觸及其精神的，乃是《論語》中引證堯的一段文告：

> 堯曰：「咨爾舜，天之曆數在爾躬，允執厥中，四海困窮，天祿永終」。舜亦以命禹。

這段話也是朱子對道統的看法之所本。

今天，我們要研究中國文化的淵源，離不開《書經》和《易經》二書。而《書經》和《易經》也都是強調中道。所以我認為中國的道統精神就是一個「中」字。然而古人對於這個「中」字的解釋，有時不免涉於虛玄，如程子：

> 不偏之謂中。

朱子：

> 中者，不偏不倚，無過不及之名。（〈中庸註〉）

熊十力：

> 中謂心也，心備萬理，其通感流行，皆自然有則而不過，故謂
> 之中。（《讀經示要》二一六頁）

古人對於「中」字作這樣的解釋，還有很多。他們的意思並非不對，只是不夠具體。以我的看法，不偏不倚乃是消極的解釋；而積極的精神，是在於兩方面都能兼顧，使其和諧的發展，以臻於至善。關於這個中字在運用上，至少有三方面：內聖外王、天人合一和義利兼顧。

這三方面是以內聖外王為中心，有如下圖：

現在我們以內聖外王為重點，說明如下：

關於內聖外王的道統精神，我在《中國哲學史話》一書的〈韓愈〉一章中，說得非常明白：

這修齊治平的教訓，雖是孔門傳下來的，卻不是孔子一人的發明。它代表著中國歷來一致嚮往的最高理想——內聖外王。在一般民族中，多半把內聖和外王分別對待。從事內聖工夫的賢者，不管外王事業；為眾造福的英雄，卻很少能希聖希賢，真好像是道不同而不相為謀了。但中國人則自古便有一種信念，要把這二者冶於一爐。……而這內聖與外王的結合，正是中國人一貫追求的理想，古代聖王自堯舜以降，雖然每代有其不同的規格與功業；但在這一點上卻都是一脈相承，毫無二致的，正是所謂「堯以是傳之舜，舜以是傳之禹，禹以是傳之湯，湯以是傳之文武周公，文武周公傳之孔子，孔子傳之孟軻。」這裏的「傳」，並不是真的一手交給一手，如接力賽的傳棒一樣；而是指的：在堯舜禹湯文武周公孔孟之間，有一個薪盡火傳、百變不離其宗的共通精神。這一精神如果單從中國的歷史來看，當然不容易看到，所謂「不識廬山真面目，只緣身在此山中。」但是如與其他文化相比時，便立刻昭然若揭了。因此韓愈才在排佛（印度文化的產品）之餘，敏銳的感到這一傳統精神的存在。而這一內聖外王，修己以安人的傳統精神，正是中國所賴以立的國魂。唯有抬出這種精神，才是有效的排佛；唯有發揚這種精神，才足以消弭佛教的弊患，而使社會走上群倫共處的理想境界。韓愈所以大聲疾呼的崇儒排佛，原因就在於此。

這是指出中國道統的精神是在於內聖外王的一套工夫。而這套工夫，

雖然是儒家思想的骨幹，充滿在《論語》、《孟子》、《荀子》、〈大學〉、
〈中庸〉，以及儒家的所有經典及著作中，但關於「內聖外王」四字的
提出，卻最先見之於《莊子·天下》篇中，令人驚奇的是該篇文字不
僅對於內聖外王四字有極為具體而精到的說明，而且對於道的本源、
發展，及分裂，也有極為詳盡的描述。所以該篇也是論道統最古、最
完整，也最精彩的一篇文獻。如該篇在開端所描寫的：

天下之治方術者多矣，皆以其有為不可加矣！古之所謂道術者，
果惡乎在？曰：「無乎不在。」曰：「神何由降，明何由出？」聖
有所生，王有所成，皆原於一。不離於宗，謂之天人，不離於
精，謂之神人，不離於真，謂之至人。以天為宗，以德為本，
以道為門，兆於變化，謂之聖人。以仁為恩，以義為理，以禮
為行，以樂為和，薰然慈仁，謂之君子，以法為分，以名為表，
以參為驗，以稽為決，其數一二三四是也。百官以此相齒，以
事為常，以衣食為主，蕃息畜藏老弱孤寡為意，皆有以養。民
之理也，古之人其備乎！配神明，醇天地，育萬物，和天下，
澤及百姓，明於本數，係於末度，六通四辟，小大精粗，其運
無乎不在。其明而在於數度者，舊法世傳之史，尚多有之，其
在於《詩》《書》《禮》《樂》者，鄒魯之士，搢紳先生，多能明
之。《詩》以道志，《書》以道事，《禮》以道行，《樂》以道和，
《易》以道陰陽，《春秋》以道名分。其數散於天下，而設於中
國者，百家之學，時或稱而道之。天下大亂，賢聖不明，道德

不一，天下多得一察焉以自好，譬如耳目鼻口，皆有所明，不能相通，猶百家眾技也，皆有所長，時有所用，雖然不該不偏，一曲之士也。判天地之美，析萬物之理，察古人之全，寡能備於天地之美，稱神明之容，是故內聖外王之道，闇而不明，鬱而不發。

這段話固然說明了天人、神人、至人，以及聖人、君子等的層次不同，但最主要的還是在強調這個道術一方面是上通於天，而另一方面又是兼及人民的日常生活。也就是說這個道術有內聖的最高修養，也有外王的實際措施。

在內聖方面所要達到的就是天人合一的境界，莊子「不離於宗」、「不離於精」、「不離於真」的這個「不離」兩字極為精要。所謂「不離」就是本一。所謂「宗」、「精」、「真」是指的天，而天人、神人、至人是同一個境界，在這個境界上，是天人本一的。至於「以天為宗，以德為本，以道為門，兆於變化」的聖人，就是通過了心性的修養，以求達到天人合一的境界。

在外王方面所要注意的是，它必須先通過了內聖的工夫，再去外王的。在外王的實際運用上，是以義利兼顧為原則的。如莊子所謂的「以衣食為主，蓄息畜藏，老弱孤寡為意，皆有以養，民之理也。」這一方面是為了利，而另一方面也正是為了義。所以說是「民之理」，這是人民需要之理（利），也是養民之理（義）。

以上內聖外王、天人合一、義利兼顧，可說是中國道統的特色，

而為西方文化所欠缺者，如：

我們強調內聖外王，因此在我們的哲學上始終是知德合一的；在我們的政治上，始終是以王道為理想的。不像西方哲學上，德行和知識互不相關，而走上強權唯尚的霸道政治。

我們強調天人合一，使得我們能和自然打成一片，而不像西方文化一樣不是崇天貶人或貶天崇人，便是陷於心物之爭。

我們強調義利兼顧。在中國政治上，自始便主張「德惟善政，政在養民」、「正德利用厚生」（〈虞書‧大禹謨〉），決不會因利害義，見利忘義。

三、道統和國父哲學思想的關係

共產國際代表馬林於民國十年，在桂林時曾問國父：

先生革命之基礎為何？

國父回答說：

中國有一道統，堯、舜、禹、湯、文、武、周公、孔子相繼不絕，余之思想基礎，即承此道統，而發揚光大耳。《國父年譜》

民國十年十二月二十三日）

國父雖然沒有詳細討論到這一道統的內容，但他整個思想都為道統精神所貫注。譬如：

他在〈民族主義第六講〉中說：

中國有一段最有系統的政治哲學，在外國的大政治家還沒有見到，還沒有說到那樣清楚的，就是〈大學〉中所說的「格物、致知、誠意、正心、修身、齊家、治國、平天下。」那一段話，把一個人從內發揚到外，由一個人的內部做起，推到平天下止。像這樣精微發展的理論，無論外國什麼政治哲學家都沒有見到，都沒有說出。這就是我們的政治哲學的知識中所獨有的寶貝，是應該要保存的。

這是讚揚內聖外王的思想。

他在〈國民要以人格救國〉一篇講詞中曾說：

至於宗教的優點，是講到人同神的關係或同天的關係。古人所謂天人一體。依進化的道理推測起來，人是由動物進化而成，既成人形，當從人形更進化而入於神聖。是故欲造成人格，必當消滅獸性、發生神性，那麼，才算是人類進步到了極點。

這是推崇天人合一的思想。

他在〈民生主義〉中，認為民生主義的第一個問題就是吃飯，這是利；但接著他強調：要四萬萬人都有飯吃，這便是義。在〈民族主義〉中，他要我們迎頭趕上歐美，成為世界一大強國，這是利；但接著卻說：「我們要先決定一種政策，要『濟弱扶傾』，才是盡我們民族的天職。」這就是義的表現。所以國父的思想，也是義利兼顧的。

以上我們已看過國父對道統思想的承受，接著我們再分析一下國父如何運用道統思想去解決新的問題。

現在我們就國父哲學中的兩個主要問題來剖析：

㈠知行問題

國父為了革命先須革心，所以在《心理建設‧自序》中強調說：

> 然而吾黨之士，於革命宗旨，革命方略，亦難免有信仰不篤，奉行不力之咎也。而其所以然者，非盡關乎功成利達而移心，多以思想錯誤而懈志也。此思想之錯誤為何？即「知之非艱，行之惟艱」之說也。此說始於傅說說武丁之言，由是數千年來，深中於中國之人心，已成牢不可破矣。

在這裏國父批評了傅說的思想。

然而在朱子的《中庸章句‧序》裏卻說：

> 自是以來，聖聖相承，若成湯文武之為君，皋陶伊傅周召之為
> 臣，既皆以此而接夫道統之傳。

可見朱子明明把傅說也算為承傳道統的一員。這樣說來，國父繼承道統，而又反對道統中的功臣，是否有矛盾呢？或者國父的道統，和朱子的道統不一致呢？

其實兩者都不是，要解答這個問題，我以為首先必須把傅說「知之非艱，行之惟艱」的本意弄清楚。這兩句話出自《書經‧說命中》：

> 惟說命德百官，乃進於王曰：「嗚呼！明王奉若天道，建邦設都，
> 樹后王君公，承以大夫師長，不惟逸豫，惟以亂民。惟天聰民，
> 惟聖時憲。惟臣欽若，惟民從義。惟口起羞，惟甲冑起戎，惟
> 衣裳在笥，惟干戈省厥躬，王惟戒茲，允茲克明，乃罔不休，
> 惟治亂在庶官，官不及私昵，惟其能，爵罔及惡德，惟其賢。
> 慮善以動，動惟厥時。有其善，喪厥善。矜其能，喪厥功。惟
> 事事，乃其有備，有備無患。無啟寵納侮，無恥過作非。惟厥
> 攸居，政事惟醇，黷於祭祀，時謂弗欽，禮煩則亂，事神則難。」
> 王曰：「旨哉，說乃言惟服，乃不良於言，予罔聞於行。」說拜
> 稽首曰：「非知之艱，行之惟艱。王忱不艱，允協於先王成德，
> 惟說不言有厥咎。」

從這段話中可以看出傅說所謂「非知之艱，行之惟艱」，乃是告訴武丁

這一套道德修養，施政法則，聽起來很好聽，行起來可不容易。言外之意，當然是勸武丁不要聽聽就算了，而應切實去躬行。關於這一點，張曉峰先生在《中華五千年史》中也曾提到：

> 傳說這兩句話，本意在於勉人力行，實在與國父學說同一宗旨，他是中國最早注重教育的人，他對於求知當然也非常重視的。

可見傅說也是強調力行的，這與國父所強調的「知難行易」，非但不違背，而且是互相發明的。因為中國整個道統就是強調力行的。至於國父批評傅說的那兩句「知之非艱，行之惟艱」的話，乃是就一般人心的錯誤運用而言，並非對傅說立言的本意有所否定。

在這裏，我們要了解國父「知難行易」的學說，也並不是獨創的新思想，因為強調力行是中國的道統，國父也是承繼了這個道統精神的，只是國父所面臨的是新局面，所要解決的是新問題。這個新局面即是革命的環境，這個新問題即是發展科學的知識。所以提出了前人似乎未曾提過的學說「知難行易」。在這一點上，我們可以看出國父是如何運用道統的精神，以解決新的問題了。

(二)進化論與唯物論的問題

在國父當時，西方文化上有兩股最熱門的思潮，就是達爾文的進化論與馬克思的唯物論。當時的學者，幾乎很少沒有涉及這兩方面的思想。而國父對付這兩股思潮的方法，卻是秉承了中國道統的精神，

如他在《孫文學說》第四章中說：

> 作者則以為進化之時期有三：其一為物質進化之時期，其二為
> 物種進化之時期，其三則為人類進化之時期。……人類初出之
> 時，亦與禽獸無異，再經幾許萬年之進化，而始長成人性。而
> 人類之進化，於是乎起源。此期之進化原則，則與物種之進化
> 原則不同，物種以競爭為原則，人類則以互助為原則。社會國
> 家者，互助之體也；道德仁義者，互助之用也。人類順此原則
> 則昌，不順此原則則亡，此原則行之於人類當已數十萬年矣。
> 然而人類今日猶未能盡守此原則者，則以人類本從物種而來，
> 其入於第三期之進化，為時尚淺，而一切物種遺傳之性，尚未
> 能悉行化除也。然而人類自入文明之後，則天性所趨，已莫之
> 為而為，莫之致而致，向於互助之原則，以求達人類進化之目
> 的矣！

國父這段話運用得非常高明。因為國父對達爾文進化論作為一種科學
的研究的意義上並不反對，但他深受中國道統的人道思想影響，因此
又不能完全接受達爾文的思想，所以他把達爾文的進化論歸於第二階
段物種的進化時期，這是對達爾文進化論的一半肯定與一半否定。國
父提出第三階段人性的進化期，是以互助為原則，以道德仁義為用，
顯然在這裏，他融入了中國道統的思想。而為中國道統思想在人性的
基礎上，啟開了無窮的發展。

另一方面，由於國父對第三階段人性進化期的肯定與重視，同時也很自然的否定了唯物論的思想。因為在這一個時期，根本容不了唯物的思想。

不過在這裏，還有一件事情值得我們注意的是，在中國道統上強調人性是本善的，可是對於這個惡如何產生，卻始終交代不清。宋明儒家常把惡歸於氣質之性，可是氣質之性與本然之性同時存在，因此人也就永遠擺脫不了惡。對於這個難題，國父的進化三期之說，卻徹底的得到了解答。因為國父說：我們之所以有惡，乃是物種時期的遺留，但我們畢竟已進入人性期，所以將來一定會擺脫惡，而趨向於至善。這種解釋遠比宋明儒家的二元論為簡易明白，而且充滿了希望。這就是國父在運用道統思想以消融和修正新思潮的過程中，卻又給道統思想開展出一個新的境界。

四、國父思想的新發展

國父思想完全是國父本著中國道統的精神，以解決當時所面臨著的許多問題。由於時間的變遷，這些問題有些消失了，有些改變了，同時又增加了許多新的問題。譬如進化論和唯物論的問題，在西方也已逐漸失勢了，再如國父當時所看到的科學，與今天我們所看到的科技，顯然有很大的不同。因此今天我們在基本的精神上，固然要追隨

國父的思想，因為這也是承繼了整個道統精神的。但在方法上，有時必須變通，因為我們所面對的問題本身已不同了。

所以今天我們對國父思想的態度是，不要把國父思想當作最後的完成，任何一種學術思想如果是最後的完成，必定也就是最後的結束，因為它不能再有新的發展了。因此，我們要把國父的思想當作起步，我們要循著國父為我們所指出的正確的方向勇敢的奔向前去。我們必須有新發現、新發展，才能使國父的思想歷久常新。

中華民國六十二年八月講於大專國父思想教學研習會

禪學的四個特色與四種障礙

今天我們所談到的禪宗，當然是指中國所發展的禪宗。而在這裏我所謂的四個特色，也是就中國禪宗所表現的而言。在這四大特色中，像禪定一點本是印度思想已有的，因為中國禪宗也有不少的血液是來自於印度佛學。至於不立文字和頓悟兩點，在印度佛學中，已稍有提到，但卻是在中國佛學的園地裏發展成熟，而且成熟之後，又和在印度的原有面目完全不同。最後，像公案一點，可說絕對是中國的產物。因為它在印度佛學中毫無蛛絲馬跡，而在中國佛學上，其演變的經過卻是非常明顯的。

這四點雖然是中國禪宗的特色，但禪是空靈的，稍有執著，這四個特色，便反而成為四種障礙，禪之難學在此，禪之易走入歧途也在於此。

現在我就根據這四個特色來看禪學的四種障礙：

一、不立文字之障

「不立文字」是禪宗的一大特色，然而這個特色如果把握不住，反而變成了一種障礙。

「不立文字」四字的印度淵源可以推溯到世尊靈山說法，為禪門所定的宗旨。雖然這段故事的真確性後人的意見很多，但「不立文字」的思想在印度佛學中，還是可以找到線索的，如《楞伽經》：

> 是故大慧，我等諸佛及諸菩薩，不說一字，不答一字，所以者
> 何，法離文字故。（卷四）

《金剛經》：

> 若人言如來有所說法，即為謗佛，不能解我所說故，須菩提，
> 說法者，無法可說，是名說法。

這兩部經典和中國禪學發展的關係非常密切，可見後來禪宗的捨
離文字和印度佛學也是有關連的。不過在《六祖壇經》中，卻有一段
話值得我們重視，他說：

> 執空之人，有謗經直言不用文字，既云不用文字，人亦不合語
> 言。只此語言，便是文字之相。

這段話的值得重視，有兩個要點：一是說明在慧能當時，已有許多人
對不立文字的看法過於偏激，而為慧能所不滿。二是提出慧能對不立
文字的正解，認為過分的拘泥於文字，固然是一執，而故意的毀謗文
字，也同樣是一執。

對於文字的批評，前人的見解已經夠多，夠清楚了，實在不必再
床上疊床，屋上架屋。可是對於「不立文字」的誤用和流弊，卻很少
有人像慧能一樣去痛下針砭。

依筆者的淺見，禪，固然訴之於內心的自證。但通往禪的路卻有兩截，一截是知的路，一截是捨知的路。這兩截又是互相銜接的。必須有知，然後才談得上捨知；而捨知之後，又必須進入另一境界的知，才不致流入頑空。同時，在知與捨知的每一次作用後，心境又向上提昇了，頓悟之路又走近了一些。因此儘管禪的最後境界是不落知解的，但在修證的過程中，仍然少不了語言文字的提撕。一位禪師不可能終生只吃棒喝，他也必須透過語言文字，去吸取前人的智慧，才能一棒一條痕。同時，在他證悟之後，又很自然的留下了許多語錄詩偈，以傳慧命。所以語言文字，不僅在禪師的證悟過程中，而且在禪宗的傳承血脈上，都具有很大的作用。今天我們修習禪學，不應拘泥於不立文字，否則，我們便將掉入了不立文字的陷阱中，永遠不見天日。

二、禪定與坐病

禪字的本意，是靜慮、冥想的意思，也就是所謂的禪定。這本是印度各宗哲學的共法。禪宗既然因禪得名，自然與禪定不無關係。就拿達摩到神秀這一系統來看，便是以禪定為主的，達摩的面壁九年，固然重視禪定，而神秀的漸修工夫，更是以禪定為特色。

在傳統佛學上，禪宗的南頓北漸，都是以頓悟和漸修去劃定慧能和神秀的不同。其實慧能在《壇經》中一再強調頓漸只是悟道的遲速

而已，並非理體上有何不同。而且慧能在《壇經》中對神秀的批評，重點不在漸修，而在於過分拘執於長坐的禪定。如：

> 師（慧能）曰：「汝師（神秀）若為示眾?」（志誠）對曰：「常指誨大眾，住心觀淨，長坐不臥。」師曰：「住心觀淨，是病非禪。長坐拘身，於理何益。聽吾偈曰：生來坐不臥，死後臥不坐，元是臭骨頭，何為立功課。」

由這段對話，可見慧能對神秀一派最不滿的，還是在於他們的過分重視坐禪。為了貫徹這一見地，慧能對於「坐禪」兩字也有新解，他說：

> 何名坐禪，此法門中，無障無礙，外於一切善惡境界。心念不起，名為坐。內見自性不動，名為禪。

很明顯的，慧能認為禪定不是只坐在那裏空思冥想，或不思不想，而是在於心念不起時，去內見自性。這點可說是中國禪對於坐禪或禪定最標準的看法。以後懷讓以磨磚不能成鏡曉喻馬祖的，也就是基於這種精神。

慧能對禪定的態度並不是完全反對坐禪，只是認為坐禪和明心見性是兩截工夫。坐禪運用得當，固然可以幫我們遮斷外緣，使我們易於明心見性；但運用不當，又變成一種執著，反而障礙了我們去明心見性。使我們耽於枯坐，玩弄精神，這實在是一種病，可是坐禪的工

夫，易見效驗，而學禪的人又多半因好奇而坐禪；至於明心見性，卻
無相可徵，其成就也不像坐禪一樣可以剋期取證的，所以很多人一開
始便走錯了路。愈走愈遠，弄得身疲力竭，仍然心也不明，性也不見。
這正像形與影競走，永遠也看不見自己。

三、公案的危機

公案本是中國禪宗最具特色的一點，不僅在印度佛學裏沒有參公
案的說法，而且在中國，也是在唐末以後才發展形成的。就拿慧能來
說，在他的《壇經》中雖然也有被後人奉作公案的故事存在，但以他
的思想來論，沒有提到公案，也根本沒有要我們去苦參公案。他的頓
法，只是教人速從內心去體悟而已。

公案兩字，原是指公府的案牘。禪宗借用公案兩字是指這些前代
禪師的片言隻字，或含有深意的故事，都可以引我們入道。本來頓悟
是由內心自然成熟，遇到了外在的機緣一觸即發，頓時截斷一切虛妄
的意識、觀念，而證入道體。後人便把這些悟道的故事，以及悟道後
所留下的法言當作公案，反過來，由公案去刺激學生，以求速悟。所
以按照禪的真面目來說，這是倒果為因的作法。因為利用公案已是人
為的干涉了，但對於某些資質較差，或起步就錯了的學生，用公案去
刺激他、點醒他，也未嘗沒有成效。

不過在這裏有兩種危險性:

一、如果說公案的作用,只是杜絕學者思辨的追求,而公案本身可無任何意義的話,譬如「麻三斤」等公案,那麼,盈天地間莫非是公案,即使我要孩子去做功課,他說他想吃麵包,這也是公案。如果這樣的話,也就等於否定了公案的存在。因為我們不必拿古人的公案去參了,現在隨手拈來都是公案,對於這種說法,危險性極大,因為大家都可自立公案、自謂得道。

二、如果說古人成道,或禪師助人成道之事為公案,但今天充滿在禪學文獻中的有數不盡的公案,究竟那些公案是真、那些公案是假、那些公案見道深、那些公案見道淺。按照有些禪師的說法,也許認為凡是公案都可見道,而無真假高低之別。但事實並非如此,以一個學術研究的觀點來說,很清楚的,禪書中的許多故事、詩偈、語錄,不能說它們本身沒有高低深淺之別。大慧宗杲曾自認平生大悟十八次、小悟無數次,那麼悟即不同,悟後的詩偈、語錄,自然見道也有不同。所以對於這些不同的公案,我們應該有一個選擇和批判,否則強不同以為同,或以為一了百了,便會失去了公案的特殊性。

由於這兩點,造成一個更大的危機。本來公案之設是禪宗在淡泊衰微中的一針強心劑,按照鈴木大拙的說法,禪宗今天之尚有活力,端賴公案之設。但靠公案來維持禪宗,這已經是禪宗精神的一大諷刺。尤其過分重視公案,把智慧粘著在公案上,以公案之能否解來衡量見道之深淺,這便不免會走火而入了魔。

因此我認為,公案畢竟是一種強心劑,禪宗如果不開發心靈的活

泉，而只靠奇特的公案以圖存，便會把禪宗帶入了山窮水盡的危機。

四、頓悟的歧路

頓悟是中國禪的最大特色，雖然在《楞伽經》中曾提到頓法，道生也談過頓悟成佛，但真正把頓悟作為中心觀念的，卻是慧能。

談到頓悟，這已不是理論的問題，而要靠親身的體驗了。因此我們若非親證，便很難了解頓悟是什麼。不過我們如果把禪宗文獻裏許多有關於頓悟的故事拿來研究，卻發現這些故事雖然都談到某和尚悟了，但這些悟的層次大不相同，有的是頓悟，有的是大悟，有的是小悟，有的是否真悟，還有待考證呢！

譬如慧能在賣柴時，聞別人唸《金剛經》，便有所悟，這是悟。後來接受衣缽時，聽到弘忍解說《金剛經》至「應無所住而生其心」，便言下大悟，這也是悟，在文獻的記錄上，這兩者都是悟。但其間是否有差別，卻值得我們研究。因為前者只是別有會心，心嚮往之。而後者卻是由弘忍講說佛理以悟入的。但這些悟就慧能的思想來說，尚沒有太大的距離，因為頓悟兩字按照《壇經》上的記載是：

> 若開悟頓教，不執外修，但於自心常起正見，煩惱塵勞，常不能染，即是見性。

可見慧能所謂頓悟，意義非常平易，只是對本心直截的體認，並沒有夾雜了其他玄妙的特色。可是到了後來，頓悟便逐漸失去慧能的平易面。如靈雲的睹桃花而悟道，智閑的掃地擊竹而悟道，甚至有的還要借重拳打腳踢才能悟道，這些都是屬於禪門的頓悟。究竟他們悟個什麼，我們固然無法確知，但比起慧能的頓悟來，顯然又玄妙多了。

關於「頓悟」一事，使我們今天在研究禪學上感覺困惑的是：在禪書中所謂的悟，究竟是一是多。如果依據大慧宗杲自認平生大悟十八次，小悟無數次，那麼悟既然有大小之分，而大中又有大小，小中也有大小，這樣看來每一個悟都不相同，而且都有高低層次。同時一生中既然有這麼多次悟，那麼一悟並不能永悟，前悟對於後悟來說，豈非又等於不悟。

古代禪師對於學生的悟，也許有一套考驗的工夫，但今天留在文獻上的，卻使我們無法了解。由於不了解，因此便產生了誤解。以為頓悟是一種方法，於是拚命去睹桃花、掃地，咬緊牙關去忍受拳打腳踢。殊不知頓悟是工夫成熟後的一種自然流露的境界，任何人為加工的方法，反而阻礙了我們走向頓悟之路。

頓悟本是禪學最大的特色，可是由於缺乏客觀的證驗，因此容易令人誤解，弄巧成拙，反而變為一種阻礙，後代學禪者之所以走入狂禪，也就在於此。

中華民國五十九年講於東吳大學佛學研究社

中國禪的教育精神

　　雲門文偃禪師口才極佳，每次演講都是滔滔不絕，口若懸河，可是禪宗又高標不立文字，開口就錯，這一矛盾使得他在每次演講時都非常遺憾，只得說：

　　　　莫道今日謾諸人好，抑不得已，向諸人前一場狼藉，忽遇明眼
　　　　人見，謂之一場笑具，如今亦不能避得也。

　　今天我的處境有點和雲門禪師相似，唯一不同的是，我既不是禪學的專家，也不是禪門的忠實信徒，卻偏偏常被人邀去談禪，因此我內心也有一個大矛盾，因為我雖然喜歡禪，寫了《禪與老莊》，譯了吳師德生博士的《禪學的黃金時代》，但我心裏認為最值得追求的，仍然是儒家之道。據說溥心畬先生在世時，凡是有人向他學畫，他總表示雕蟲小技，不值得學；可是有人向他請教四書的義理，他卻非常高興。當然他的畫是現今第一流的，至於他對四書的研究，固然也很高明，但不如他的畫那樣出名，卻是事實。可是他卻喜歡授四書，而不願授畫，這是為了什麼？這是因為他認為四書所講的才是人生的大道，遠比畫藝更有意義。我舉這個例子，只是說明我寧願做一個儒家的學生，也無意於被稱為禪學的專家，這是肺腑之言，決非謙讓。
　　我之所以講這些話，並非應酬式的開場白，這裏面就有一個禪的教育精神存在。如果你初次遇到一位禪師，他告訴你禪是如何如何的高明，禪是一切學問的根本，是人類思想的喜馬拉雅山，我勸你，聽了這話，趕快就走，因為他絕不是真禪師。一位真正的禪師，他第一

次和你見面時，一定會向你澆冷水說：「好好的人不做，而要學禪。」我講這話並不是耍花槍，而是有事實根據的，請聽下面的一段故事：

古時有位少年名叫楊黼，他離別了雙親到四川去向無際菩薩求道，在路上遇見了一位老和尚，他向老和尚請教無際菩薩的住處時，老和尚便說：

與其去找菩薩，還不如去找佛。

楊黼便問到那裏去找佛，老和尚說：

你回家時，看到有個人身披毯子，鞋子穿倒了的，記住，那就是佛。

於是楊黼連夜趕回家，抵家時已是深夜，他母親聽到兒子叫門聲，高興得來不及穿衣，便披上毯子，匆忙中，鞋子也穿倒了，趕緊來開門，楊黼一看到母親的情形，立刻大悟，此後專心侍奉母親，並寫了一部《孝經註》（詳見吳師德生博士所著《禪學的黃金時代》）。

在這裏你們也許要反問：既然禪不值得去學，那麼你在這裏講個什麼？如果我採用禪宗的那套方式來回答這個問題，我將要說：要不是我在這裏講，你們當中恐怕有很多人還不知道禪不值得學呢！當然這是禪的話頭，如果我們以一般的思維方式來論的話，禪是值得學的，只是我們不能像楊黼一樣丟棄了雙親，盲目的去追求；只是我們不能

忽視了一切，把它當作唯一的真理去追求。如果這樣的話，便要學成一個狂禪、呆頭禪（呆頭禪是我造的新名詞，是指有些人並不了解什麼是禪，卻一味歌頌禪），在我個人的看法，禪和儒家思想當然各有勝場，各有路向，並不適宜放在一起來比較，但我可以勉強的作一個評語，在好的方面，禪和儒家同臻化境，各有千秋，而在流弊方面，禪要比儒家大得多，這也就是我之所以在一開頭，便標明立場，給諸位澆了一小杯冷水。

現在我們言歸正傳，看看中國禪的教育精神。

㈠從教育思想的觀點看中國禪的形成

這次講詞的題目，標明了「中國禪」，而不單說一個禪字，這說明了我所講的是中國禪，而非印度禪。關於中國禪和印度禪有什麼不同，在這裏無法詳述。我們僅就中國禪的形成講起。中國禪的產生，可說是印度佛學中國化的高潮。至於印度佛學中國化，自魏晉便開始了，當時不僅以《老》《莊》注佛學，而且像道生等人，還有意要改革印度佛教的陋習，譬如道生不僅在理論上提倡善不受報、頓悟成佛，以及佛無淨土等學說，而且在儀式上要打破踞坐而食、過午不食等習慣。這一改良印度佛學的運動，直到慧能所開展的中國禪，才真正進入了高潮。

在中國禪的這種轉變印度佛學的發展中，最具教育意義的有兩點：
1.揚棄繁瑣的學理：

中國哲學在全世界哲學中有一個最大的特色，就是簡易。而印度

的佛學卻以繁瑣見稱。雖然大乘思想的建立本是為了不滿小乘佛學的繁瑣，可是自無著世親兩兄弟開展了分析細密的唯識宗後，大乘思想也走上了繁瑣的路子。印度佛學到了中國後，一面固然大量的譯經，把繁瑣的學理介紹到中國，一面則有中國和尚的化繁為簡，如天台和華嚴的判教，便是把複雜的教理加以整頓，這一趨勢發展至禪宗，便簡之又簡，而至要不立文字。

所謂不立文字並非不要文字，廢棄經書，而是不要建立文字障，慧能便一再告誡學生說：

> 執空之人，有謗經直言不用文字，既云不用文字，人亦不合語言，只此語言，便是文字之相。又云直道不立文字，即此不立兩字，亦是文字。

很顯然的，慧能禪的真精神是要我們雖然讀經，但不能為經書所轉，要能從經書中跳出來。

這一精神在教育上自有其很大的意義。就是要我們把知識當作工具，不要把它當作追求的目的。在知識上玩弄名詞、玩弄觀念，都是作繭自縛，欺人而自欺的行為。過去印度佛學的衰微，今日西方哲學的陷於困境，就是犯了這個毛病。

2.發揮自立的精神：

禪宗所強調的自立精神，可以從兩方面來說：

(1)思想方面：

　　傳統的印度佛學總是把釋迦當作偶像來崇拜，雖然釋迦早就聲明人人皆有佛性，人人都可成佛，但由於宗教的儀式太繁，戒律太多，經論太深，要想成佛又談何容易。直到慧能才以一個不識字的樵夫，不從儀式、戒律、經論著手，完全發自內心的智慧，頓悟成佛。這種現身說法，才真切的證明了「我心自有佛，自佛是真佛」的道理。後代的許多禪師那種打倒偶像、辱罵釋迦的作法，雖然有點過火，但他們的用意並非真的要打倒印度的釋迦，而是要抹去妨害我們自悟的障礙而已。

　　他們的精神是：

　　丈夫自有衝天志，莫向如來行處行。（翠嚴可真語）
　　寧可永劫受沉淪，不從諸聖求解脫。（石頭希遷語）

　　這是多麼可貴的自立精神！

⑵實踐方面：

　　傳統的印度佛教都是過寄生的生活，不事生產，只是靠政府的補助及富有信徒的布施。講到布施，在佛法上主要有法施和財施兩種（還有一種無畏施）。法施指的是為人說法講經，財施是指金錢和物質方面的救濟。實際上和尚既不從事生產，當然談不上財施，只是法施而已。所以就財施來看，和尚反成為被施的對象。這有點說不過去，但他們卻認為和尚的乞討化緣不是損人利己，相反的，乃是讓對方有行善的機會。因此一個法施，一個財施，各得其益，皆大歡喜。其實傳統佛

教的病根也就在這裏。在中國佛教史上所以有三武一宗的滅佛運動，除了道士在幕後挑撥之外，在佛教本身來說，還是由於和政府產生了金錢上的糾紛，因和尚們不生產、不納稅、純粹是消費的生活，影響了國家的財政。可是從慧能之後，到馬祖和百丈師徒時，建立了叢林制度，訂定了百丈清規。那種「一日不作，一日不食」的精神，為中國佛學奠下了自力的基礎，使禪宗在佛學史上有其不朽的地位。所以唐武宗的「會昌法難」，使其他各宗都受到致命的打擊，唯獨禪宗反而愈來愈盛，這就是得之於自立的精神。

㈡中國禪的新教法

禪宗自認為以「無門為法門」。這句話表面的意思是說禪宗沒有教法可循。但沒有教法可循，並不是說沒有教法，而是指沒有特定的教法。如果我們現在所聚集的這間屋，只有一扇門的話，請問諸位，你們要進本屋，是否只有走那一扇小小的窄門。人那麼多，擠著進來，是多麼不方便。如果我們今天所演講的房子比這間屋大了十幾倍，人數也多了十幾倍，請問只有這扇小門，夠嗎？你們看看中山堂，中華體育館都有好幾處門，否則便不能容納那麼多的人。至於真理，是必須容納所有的人，它能只有一扇小小的門嗎？老子說：「大象無形」，有形的便是小象。小屋是小象，真理是大象，大象連形都沒有，又那裏有門呢？俗語說：「條條道路通羅馬」，如果羅馬只有一條路可通，便不是大羅馬，而是死胡同。說到這裏，想起了趙州和尚的一個故事：

　　　　有人問：「如何是趙州？」

　　　　趙州答：「東門，西門，南門，北門。」

那人問「如何是趙州」的意思是問趙州和尚的教法如何？而趙州的回答是故意借趙州城有東西南北門，來說明趙州的禪風並不拘於一格，而是四通八達的。因此真正的禪法是無門的，而無門卻可以開出了所有的門。也就是說沒有單行道，凡是所有的路，走對了，都可以進去。

　　由於禪宗是以所有的門為門，因此我們無法列舉出所有的門來。同時由於我這次演講時間非常匆促，也無法把禪的所有教法一一介紹，所以現在僅就記憶所及，列舉幾個例子以透視禪宗的教法。

1.借題發揮：

　　有一次溈山禪師和他的師父百丈禪師在一起，百丈叫他撥撥爐中是否有火。溈山撥了一下說沒有，於是百丈親自去深深的撥，在灰中撥出了一點火星，便指給溈山說：「這不是火嗎？」聽了這話，溈山才恍然大悟。

　　這是百丈借撥出的一點火星，喻人心中都有佛性，而這點佛性卻必須深深的體驗，唯有功夫用得深，才能悟得徹底。

2.製造環境：

　　馬祖喜歡坐禪，他的師父南嶽禪師便在馬祖打坐時拿了一塊磚頭去磨，馬祖好奇的問：「老師磨磚作什麼？」懷讓回答：「磨磚作鏡呀！」馬祖詫異的問：「磨磚怎麼能作鏡呢？」懷讓反問：「磨磚既然不能作鏡，那麼坐禪又怎能成佛？」

　　這是懷讓為了指點馬祖坐禪不能成佛，不直接曉以義理，而以磨磚擾亂他的心神，再借譬以點悟他。

3.遮斷思路：

　　　有人問石頭禪師：「如何是西來意？」

　　　石頭回答：「問取露柱。」

　　　又問：「學人不會。」

　　　石頭回答：「我更不會。」

　　石頭答以「問取露柱」，就是為了打消對方向外探求的思路，禪宗的對話中，這種例子很多。如有人問洞山如何是佛，洞山回答：「麻三斤」。這都是隨便掇拾外境以遮斷對方的思路，我們不必從露柱，和麻三斤中去勉強解釋，這樣迷執更深。所以當對方告訴石頭不會時，石頭便補以「我更不會」。

4.無中有路：

　　　道悟問：「如何是佛法大意？」

　　　石頭答：「不得不知。」

　　　又問：「向上更有轉處也無？」

　　　石頭答：「長空不礙白雲飛。」

　　石頭回答道悟「不得不知」，雖然也是打消對方向外的追求，但卻

不是以外境去遮斷，而是用語言去解釋，其態度比較緩和，所以道悟
接著便問：「向上更有轉處也無？」石頭回答：「長空不礙白雲飛。」這
在表面上似乎是遮斷的話，但實際上卻是「無中有路」，透出了消息，
告訴我們佛法是無礙的，就像長空不礙白雲飛一樣，來去自由，不容
粘執。

5.喚出自我：

　　陸亘問南泉：「古人養小鵝於瓶中，鵝漸大，出不了瓶，現在不
　　破瓶，也不傷鵝，請問如何使牠出來？」
　　南泉叫道：「大夫。」
　　陸亘回答：「是。」
　　南泉說：「出來了。」

　　陸亘所設的這種兩難的問題，可說是一般把哲學當作觀念遊戲者
常犯的毛病，所以南泉不回答這問題（因這問題不可能有答案，動念
去回答已是自投羅網了），而直喚陸亘，也就是喚醒陸亘，要他了解自
我才是真正值得尋找的，向外追求的知識，都形同兩難的論題，使我
們愈追求愈迷，永遠無法見到自性。

6.棒喝俱施：

　　在禪門有「德山棒，臨濟喝」之稱，這是說德山喜歡用棒、臨濟
喜歡用喝來接引學生，德山曾說：

你們說對了，要吃三十棒；說錯了，也要吃三十棒。

臨濟也說：

有時一喝如金剛王寶劍，有時一喝如踞地獅子，有時一喝如探
竿影草，有時一喝不作一喝用。

可見他們用棒喝的一斑。其實用棒喝的目的，也是為了遮斷對方
的思路而已。多半是象徵性的表示，不像今日所謂的體罰只重嚇阻，
而毫無啟迪之功。

7.詞鋒相逼：

有人問大珠：「師說何法度人?」

大珠答：「貧道未有一法度人。」

對方說：「禪師家渾如此?」

大珠反問：「大德說何法度人?」

對方答：「《金剛經》。」

大珠問：「講了幾座?」

對方答：「二十餘。」

大珠問：「此經誰說?」

對方答：「禪師豈不知是佛說。」

大珠反問：「《金剛經》上說：『若言如來有所說法，則為謗佛』，

若言此經不是佛說，則是謗經，你怎麼辦？」

對方無以為對，大珠又問：「《金剛經》上說：『若以色見我，以音聲求我，是人行邪道，不能見如來』。請問那個是如來？」

對方答：「我到此卻迷了。」

大珠又逼著說：「從來未悟，說什麼卻迷。」

由這段對話，可見大珠是一層層的相逼，逼得對方自知迷妄，非但連見道的分沒有，甚至連迷惑的資格都沒有。

(三)中國禪宗對師道的看法

以上我們已介紹了一些禪宗的新教法，這些教法和我們今天的教育方法是大不相同的，其所以有如此的不同，乃是因為我們所追求的是知識，而禪宗所追求的是一種洞悉生命本源的智慧，例如大珠在未悟道時去見馬祖，

馬祖問：「你來作什麼？」

大珠答：「來求佛法。」

馬祖說：「我這裏什麼都沒有，還有什麼佛法可求，你自己有寶藏不顧，離家亂走作什麼？」

大珠問：「什麼是我的寶藏？」

馬祖說：「現在問我的，就是你自己的寶藏。」

　　這是說這種智慧是我們每個人本自具有，不待外求的，因此禪的教育方法，就是要把這點本自具有的東西挖出來。基於這一認識，所以禪宗對老師傳道，學生求道，有如下的兩點看法：

1.老師的任務只是輔助學生而已：

　　有一次石頭禪師去參拜青原禪師時，

　　青原問：「你從那裏來？」

　　石頭答：「從曹溪處來。」

　　青原又問：「你帶了什麼而來？」

　　石頭答：「我去曹溪之前就沒有缺少什麼。」

　　青原又問：「既然如此，那你為什麼又要去曹溪呢？」

　　石頭答：「要是我不去曹溪，又怎樣知道我是什麼都沒有缺少呢！」

　　這段對話說明了老師並不是把什麼真理填鴨式的貫注給學生，只是讓學生了解自己，對自己有自信，從而喚起他們的自發與自覺。

2.學生求道須從經驗中苦鍊：

　　慧可見達摩禪師時，達摩認為他那樣文弱，一定沒有求道的毅力，於是他便揮刀把手臂斬斷，以示決心。這就是所謂斷臂求法的故事。雖然胡適博士曾考證慧可是在路上被土匪搶劫，而斷了手臂。而這一說法是否可靠，還有待證實，但我的看法，認為這個故事無論真假，畢竟是屬於禪宗的。

再說慧稜禪師二十餘年來學坐禪，坐破了七個坐墊，一天，捲簾看到了外面的景象而大悟。他二十年來的坐禪並非只是像木石一樣的無知覺，而是在心中一直在苦思，一直在探索。雖然坐禪與頓悟無關，但他這二十年來的磨鍊卻促成了他最後的頓悟。這是學禪者所最需要的耐心。

禪宗希望學生所具備者，就是決心和耐心。

㈣從教育意義上看禪宗的缺點和貢獻

1.缺點：

⑴智慧不能與知識溝通：

儒家的智慧是由知識中提鍊出來，所以他們的智慧可以運用知識，他們能由明明德，而親（新）民，由自成而成物。可是禪宗的智慧是截斷知識而得，因此他們的智慧只限於心的自悟，而無法運用普遍的知識。

⑵是否真悟不易見證：

由於禪宗的頓悟只是自心去見本來面目，不容思議，也無法表述，因此一個學禪者是否真悟，除了極高明的禪師，和他生活在一起，可以看出外，別人是不得而知的。所以禪學的文獻中，常常提到悟字，究竟是大悟、小悟或假悟，我們都無法分辨。而禪宗史上之所以有狂禪、野狐禪，也正由於此。

2.貢獻：

普通我們對於道德的教訓，易流於呆板的教條，使受者往往表面

接受；而內心並不是真正的「好之」、「樂之」。而禪的教法卻不然，它從不把一個教訓直接告訴學生，而是逼學生自己去苦思，去尋求解答。這樣，學生在生活上不斷的磨練，所體驗出來才是最深切，最需要的東西。而經過這樣的磨練，所造就出來的才是最有智慧的第一流人才。孟子曾說：「天將降大任於是人也，必先苦其心志，勞其筋骨，餓其體膚，空乏其身，行拂亂其所為，所以動心忍性，增益其所不能。」孟子只說「天」將降大任於人，而禪宗卻是製造環境，逼學生走投無路，然後利用他們自己的智慧去找出路來。我以為禪宗的這種方法在精神教育、道德教育上，是非常有效的。可是今天的教育家們，不是追隨歐美的教育方法，或只注意到儒家的教育理論，未能注意到禪宗的教育方法，加以運用，實在是一大損失。

至於站在今天的立場，要如何把禪宗的教育方法加以運用呢？我舉一個例來說，今天西方對於嬉皮之患束手無策，將來的發展更不堪設想。如果美國總統請我去治嬉皮，我只要稍用一點禪的教育方法，保證不出半年，嬉皮可以絕跡。我這個牛吹得夠大了，諸位一定要問我究竟用的什麼秘方呢？方法很簡單。因為今天嬉皮們的一個最基本心理就是引起注意。正同三四歲的小孩一樣，家中來了客人，大人們不注意他時，他便做出所有的花樣來，引起大人的注意，大人們愈罵他，他愈鬧得兇。嬉皮也是如此，社會上愈攻擊他們，他們感覺到愈受重視，也就愈鬧得厲害。如果採用禪宗治心賊的方法，就是讓他去。以我的看法，美國政府可以找一塊荒島，凡是不滿社會文化的嬉皮，一律送到荒島上，讓他們去得其所哉。在這個荒島上一切自由，性自

由、行動自由、言論自由，但自由得沒有現成的麵包可吃，衣服可穿。一切都須靠自己去想辦法。於是他們要重溫從人類野蠻時期到文明時期的發展歷程。經過了非常艱苦的生活之後，他們才知道現代文明得來的不易，才知道他們的父老沒有欺騙他們，因此不到半年，凡是想做嬉皮的不敢再嘗試，已做嬉皮的必然浪子回頭。當然要能做到這點，必須有禪宗的狠勁。要「放」得乾脆，「逼」得徹底，這樣對方才會悟得深切。

　　上面的例子只是說明一點中國人的智慧，今天世界上有不少難解的結，如果都能運用中國的智慧，必然都會迎刃而解。可是今天我們的發揚不力，西方人又見不及此，這實是人類文化的一大損失。

　　　　　　　　　　中華民國五十九年講於師大中道學社

從文字談禪

在中國哲學史上，有個非常有趣的矛盾，就是禪宗要不立文字，可是他們所留下的文字極多；禪宗不講究文學的技巧，可是他們所表達的詩偈最有文學的意境。今天我所要講的，就是要說明這個矛盾，一點也並不矛盾。

一、禪宗「不立文字」的真意

關於「不立文字」之說，據中國佛學文獻上的記載，是釋尊在靈山會上拈花示意，把佛法傳給迦葉說：

> 吾有正法眼藏，涅槃妙心，實相無相，微妙法門，不立文字，
> 教外別傳，付囑摩訶迦葉。

然而在整個印度佛學中，他們對文字的運用，卻流於極端的繁瑣。儘管《楞伽經》中曾提到真正的道不在於語言文字，《金剛經》中曾強調由語言文字不能見如來。但他們對「不立文字」，都沒有實際的表現。可是在中國，「不立文字」卻變成一個很重要的思潮。在《六祖壇經》中，我們可以看到這一思潮已相當普遍。因為慧能曾說：

> 執空之人有謗經，直言不用文字。

可見在慧能以前，已有這一思潮的存在。

由慧能對當時執空之人的「不用文字」的批評，正反映了慧能所建立頓教的「不立文字」，是另有深意的。試看他的說法：

> 執空之人有謗經，直言不用文字，既云不用文字，人亦不合語言，只此語言，便是文字之相。又云直道不立文字，即此不立兩字亦是文字。見人所說，便即謗他言著文字，汝等須知自迷猶可，又謗佛經，不要謗經，罪障無數。

由這段話中可知慧能對「不立文字」的態度，並非不要文字，也非不要經書。他又說：

> 心迷法華轉，心悟轉法華，誦經久不明，與義作讎家，無念念即正，有念念成邪，有無俱不計，長御白牛車。

這是承認我們可以用文字、可以讀經書。只是用文字而不要為文字所限，讀經書而不要為經文所縛。

慧能對「不立文字」的看法，可以說是禪宗對文字最正確的態度，至於後代有許多禪師的捨棄文字、毀謗經書，有兩個原因：

(一)在直接印心時，無需文字作媒介

禪宗的文獻裏，充滿了對答的語錄。在對答時，所用的當然是機

鋒轉語，而不須咬文嚼字。因此常給人一個錯覺，以為禪宗從來不讀經書。其實許多大禪師都是讀過了不少經典的。就拿慧能來說，他除了《金剛經》及《法華經》外，並旁徵博引了《涅槃》、《維摩》、《楞伽》、《阿彌陀》、《菩薩戒》等經。至於禪師們表現在文字上的也有不少傑作。如慧能的《壇經》、百丈的《大乘頓悟法門》、黃檗的《傳心法要》、希遷的《參同契》、永嘉的《證道歌》等，這些都是文采極美麗的作品。直到後來永明延壽的《宗鏡錄》，洋洋灑灑，有一百卷之多，在中國佛學史上，更是一部禪學理論的空前大作。但後人常常不注意禪宗在這方面的成就，所以便誤以為禪宗只是一些棒喝公案而已。

(二)為了矯枉起見，不免有過正之辭

由於傳統佛學過分重視經論，使得大家在文字的迷宮中摸索，而妨礙了真正的求道。因此後來禪師為了糾正此一迷執，不得不措辭激烈。雖然他們另有苦心，但後人往往以辭害意，誤以為他們毀棄經書。其實我們對於他們那些激烈的言辭，也應視作語言文字一樣的捨掉。正如為了清腸而吃大黃，等到腸清了之後，必須連大黃也一齊瀉掉。如果禪師們要我們捨經書，而我們連他們的這些話也捨不掉，這便是執上加執了。

總之，禪宗「不立文字」的真意，只是要我們把文字看作網，織網是為了撈魚，如果拼命織網，而忘了撈魚，這是禪宗所要反對的；相反的，如果織了網，能夠有利於撈魚，禪宗對這些網還是非常珍視的。所以在禪的文獻中，仍然撒下了不少晶瑩可愛的網。

二、禪宗的文學意境

中國禪的發展是在文風極盛的唐代，因此禪宗輩裏能文者甚多；而唐以詩為主，所以禪宗在文學上表現得最獨出的也在於詩偈。

本文由於篇幅所限，無法泛論所有精妙的詩偈。在這裏僅舉幾首能夠表達禪宗主要思想的作品為例，如：

㈠寫動靜合一

傳大士：「空手把鋤頭，步行騎水牛，人在橋上過，橋流水不流。」

本詩關鍵在最後一句。因為通常我們都知道橋是不動的，而水是流的。但這裏卻借現境之逆轉，以打破現象；由動靜之相錯，以寫動靜之合一。

㈡寫不定為定

《壇經》中記載有人舉臥輪禪師的偈說：

臥輪有伎倆，能斷百思想，對境心不起，菩提日日長。

而慧能只改了幾個字，卻點鐵成金，成為禪境極佳之作：

慧能無伎倆，不斷百思想，對境心數起，菩提作麼長。

慧能這首詩偈的高明，就在於否認「斷思想」、「心不起」的枯禪。要我們隨處用心，用而不住。這也是以不定為定，糾正神秀一派以長坐滅想為禪定的錯誤。

㈢寫乾坤一體

張九成如廁得一詩：

春天月夜一聲蛙，撞破乾坤共一家，正恁麼時誰會得，嶺頭腳痛有元沙。

「春天月夜」寫外境的空悠，而這一聲蛙，是靜中之動，打破了乾坤的間隔。就在這時，使張九成徹悟到自己的存在，與宇宙共長久。

㈣寫喚出真人

五祖法演曾引用兩句艷詩：

頻呼小玉元無事，祇要檀郎認得聲。

吳師德生博士在《禪學的黃金時代》一書中，把這兩句詩解釋得很妙，他說：

> 小玉是新娘的婢女的名字，在古代中國，一個有錢人家的小姐出嫁時，在頭幾天，常需要婢女幫她穿衣打扮。通常在婚禮之前，新郎和新娘都未曾見過面，但他們一見面，便一見鍾情。這時，她雖然愛上了新郎，但又難以啟口，而且新郎也像她一樣的害羞。因此為了使新郎知道她的聲音，她便一再的喊婢女，當婢女問她要些什麼時，她又茫茫然的說：「啊！沒什麼。」但這與禪又有什麼關係呢？新郎正像「無位真人」，是不可思議的，你不能喚他，因為他「無名」，然而儘管如此，你卻不能否認已深深的愛上了他，所以即使你喚別人的名字，也表示你對他的愛心。他是你所有舉動和談話的真正目的，雖然你的舉動和談話不是直接對準他，但卻是幫助你表達了說不盡的情意。

㈤寫無為無事

> 無門和尚：「春有百花秋有月，夏有涼風冬有雪，若無閒事掛心頭，便是人間好時節。」

這是寫心中如果無欲無求，則所處無不順適。慧能所謂「煩惱即菩提」

即此，雲門所謂「日日是好日」者，也在於此。

㈥寫功夫深切

> 黃檗：「塵勞迴脫事非常，緊把繩頭做一場，不是一番寒徹骨，爭得梅花撲鼻香。」

這是寫解脫人生的煩惱是一件非常之事，必須痛下功夫，以整個生命去追求，才能有豐碩的成果。如果學禪的人一開始就想頓悟，就以為自己已見道，這都是自欺欺人的作法。宋末的狂禪與西方的嬉皮禪，都是犯了這一錯誤。

三、洞山以詩偈寫修道的歷程

在禪師中，洞山最擅長運用文學的技巧，以表達求道的方法。譬如他的〈五位頌〉便是不朽的傑作。現在僅舉向、奉等五階段來看：

㈠向

> 聖主由來法帝堯，御人以禮曲龍腰，有時鬧市頭邊過，到處文

　　明賀聖朝。

這是指外在功德圓滿。譬如在學業上，成為一代學人；在政治上，做到民心誠服的首長；但在求道上，還沒有摸到邊。甚至如果滿足於此，反而成為求道的障礙呢！

㈡奉

　　洗淨濃妝為阿誰？子規聲裏勸人歸，百花落盡啼無盡，更向亂峰深處啼。

這是繁華過後，覺得一切空虛，於是捫心自問，為誰忙碌。聲聲杜鵑「子歸」之啼，直扣心弦。這不是外在的呼聲，而是內心的要求，要我們不必再向外追逐，趕快回到自我。

㈢功

　　枯木花開劫外春，倒騎玉象趁麒麟，而今高隱千峰外，月皎風清好日辰。

這是寫循著內心的呼聲，去追求真我時，功夫要做得徹底。「枯木花開」是寫「絕後再蘇」的境界，「倒騎玉象」是寫信仰之篤，毫無懷疑。唯

有這樣，才能直透千峰外，去欣賞美麗的風光。

㈣共功

眾生諸佛不相侵，山自高兮水自清；萬別千差明底事，鷓鴣啼處百花新。

這是寫所達到的境界，一切都是法爾自然的，這在華嚴是「理事無礙」的圓融境界，達到這個境界時，我們再也沒有分別心，只覺其生機活潑而已。

㈤功功

頭角才生已不堪，擬心求佛好羞愧，迢迢空劫無人識，肯向南詢五十三?

這是寫前面達到很高的境界時，不能便一味安住在這個境界中。不要向外求佛，要真切的認清自己。何必像善財童子一樣去苦苦向五十三位善知識求道呢?

四、禪宗的文字是智慧的流露

以上我們大略看過禪宗的一些富有文學意境的作品,接著要解釋,既然禪宗不立文字, 為什麼又有這樣多充滿了文學意境的作品呢?

前面我們已一再強調禪宗所謂不立文字, 只是要我們不執著於文字,不建立文字障。而禪宗的這些文字卻不是障礙,因為它們都是「悟道偈」,都是作者在內心悟道後,才吐出來的心聲。如德山悟道後,燒掉了平生研究最力的《金剛經疏鈔》,而寫下了兩句詩偈:

窮諸玄辯,若一毫置於太虛;竭世樞機,似一滴投於巨壑。

他既然燒掉文字, 當然不會再執著於文字, 建立文字障。他的話乃是心得的結晶,每一個都是活字,都是智慧的流露。它們只有刺激你永遠的向上, 決不會阻礙了你。同樣, 所有禪師留下的詩偈、頌歌, 也都是悟道後的心得, 這些與他們主張的「不立文字」並不矛盾。因為唯有他們心中真正做到「不立」, 他們所寫出的才是字字珠玉, 才是真正上乘的文學。

中華民國六十一年講於淡江文理學院正智社

怎一個「情」字了得

一、兩個因緣

記得那是在五年前，我曾寫過一篇〈佛教的精神及其價值〉的短文，其中強調今日的佛教，不應再高坐在象牙塔內，說太多的玄理，而應燃燒著情感去救世。那料這篇文字對於強調「情感」一點，卻引起了爭論。有位居士以為佛教是理智的宗教，重在明心見性，重在智解悟證，因此必須斬斷情感。由於當時雙方各執己見，因此這場爭論也就不了了之。

後來我偶然的讀到前人的兩句詩：「如來佛前香一炷，修修來世鐵心腸。」這首詩使我對以前討論未決的問題，又燃起了新的興趣。從詩句的表面看來，這位作者為多情所苦，因而燃了一炷香，賄賂如來佛菩薩，希望來生賜給他一個鐵石心腸。這正說明了一般人學佛的動機，乃是為了逃避情感的債務。所謂：「外息諸緣，內心無喘。」債務一清，心性便可自由了。然而我們進一步追問：人世間的這個情債是否逃避得了？試看這位作者的詩，也只是解嘲之作，也只是寄望於來生罷了。因為正由於作者不是一個冷心腸的人，他才敢伸手去要一個鐵心腸；正由於作者有太多的情感，他才敢公開的要揚棄情感。在這裏我們可以看出作者之所以痛苦，並不是他的情感不好，而是由於他不知如何去安排他的情感，不知如何去淨化他的情感。

　　由於這兩個因緣，使我對「情」字在佛學上的意義頗感興趣，我所以要講這個題目，也就是發抒一下個人的一點私見，看看這個「情」字是否「了」得或「了」不得？

二、佛家眼中的「情」字

　　「情」在佛家的眼中，是一個被輕視，被遺棄的字。佛學中，凡是提到「情」字，多半含有罪根、禍首的意味，如「情有」，「情見」，和「情塵」等。所謂「情有」，是心理作用，執無以為有；所謂「情見」，是感情用事，私心偏見；所謂「情塵」，乃是「根塵」兩字的古譯，這個「情」字，即代表六根——眼耳鼻舌身意。這六種感官，乃是一切妄想的製造所，一切痛苦的批發廠。

　　由於每人都具有這六種情根，都會產生「情有」、「情見」，所以佛家稱芸芸眾生為「有情」，認為我們這些多情種子，整天在情海中翻騰，為情所迷，為情所縛，也為情所苦。達摩祖師東來傳法時有偈說：「吾本來茲土，傳法救迷情，一花開五葉，結果自然成」。這正說明了佛家的傳法，就是要把我們這些迷失在情海中的眾生解救出來，以脫離苦海。所以菩薩兩字的原意，就是覺悟有情。傳統的佛學思想，就是要我們把這個「情」字一刀兩斷。

　　了解佛家眼中的這個「情」字後，接著我們要看看在整個佛學理

論上，這個「情」字，究竟占有如何的地位，產生如何的作用。

三、佛學理論中的「情」字

　　原始佛教的基本內容可以十二因緣為代表。十二因緣乃是從業的輪迴歷程，說明三世的因果作用，現以圖表敘述如下：

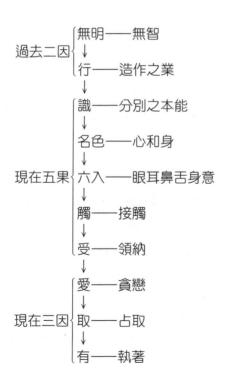

未來二果 $\begin{cases} 生——存在 \\ \\ 老死——毀壞 \end{cases}$

依照傳統的佛學理論來說，十二因緣的關鍵在於這個「無明」，無明就是無智（即是無般若之智），由無明而形成了「行」的業（即行為造作的業），這便是在過去世所種下的因，到了現在世便產生了受苦的果。這個果，最先形成的是胎中之「識」（即有分別作用的本能），由「識」而生「名」（即心之代名）和「色」（即色身）。心身出胎後，正同莊子所說的渾沌一開，便有眼耳鼻舌身意的「六入」，由「六入」和外界產生「觸」（即接觸），由「觸」而有「受」（即領納）的作用。這是由過去世的業在現在世所形成的五種果。再由這五種果，而產生現在世的三因：即貪戀的「愛」，占取的「取」，和執著的「有」。由於現在世所種下的三因，到了未來世，便有生和老死的痛苦。所以這個無明的業，世世輪迴不息，人生便永遠在痛苦中流轉。

要斬斷這個痛苦的生死之流，必須先滅無明。然而無明既是過去世的因，我們這把智慧的利刃，如何才能迴斬過去？我覺得要滅無明，應從現在的三因著手，因為在生命之流中，今天我們正處在此時此刻的現在世，唯有一刀切斷現在世的因，便不會產生未來世的苦果，這樣現在因已滅，未來果不生，則過去的「行」業不能延續，無明自然不能存在。所以現在世的三因，可說是十二因緣的總關鍵、總樞紐。

　　現在世的三因是愛、取、有。總括起來就是一個字——情。

四、捨情入理

　　佛家為了要斷無明（無智），而得般若（智慧），因此特別強調我們要捨情入理，也就是說捨棄情世界，而進入理世界。

　　佛家的捨情工夫，大致從三方面著手，就是要斷滅現在世的三因——愛、取、有。

```
    ┌愛——欲——情塵
情 ┤ 取——私——情見
    └有——執——情有
```

　　要捨情先要割「愛」，愛在佛家眼中，乃是一種欲。這種欲由情塵所起，即是對眼耳鼻舌身意等六根的貪戀。這是人類所以有痛苦的最直接原因。割愛以後，接著要戒「取」，取就是私心情見。這個私心情見乃是由我見而生，所以佛家要我們去我見。但捨棄了我見以後，尚沒有達到究竟的地步，所以佛家更進一步要我們空諸所有，打破執著，然後才能真正的掙脫了情網，而進入理的世界。

　　但要達到這種境界，又是談何容易。西藏第六代活佛達賴有一首

詩說得妙:

> 入定修觀法眼開，啟求三寶下靈臺，觀中諸聖何曾見，不請情
> 人卻自來。

這首詩裏的情人，就是暗示著那個「剪不斷，理還亂」的感情意識。古來許多學佛的和尚，他們雖然能捨棄榮華，遁入空門，做到了割愛的工夫，可是他們入定修觀，啟求三寶，仍然忘不了追求這個身心的安樂，仍然是一種我相。即使有許多高明的和尚，能夠打破我相，達到「秋觀黃葉落，春睹百花開，看物變以悟無常，感時遷而入真道」的心境，但他們所謂的「悟」了，所謂的「真」道，仍然是一種對待的名詞，仍然是一種法執。禪宗了解到這一層，因此特別強調破法執，要我們「言語道斷，心行處滅」，不僅空諸所有，連空也空。不僅要捨情入理，而且連「理」也要一刀兩斷。

佛學上的捨情工夫，到禪宗可說是登峰造極了。然而禪宗的高明處在此，危險處也在此。禪宗的高明處是它了解捨情入理，也是一種執著，所以它更進一步的要捨理，這是從小乘一跳而成為大乘。而它的危險處也就在這一跳，因為跳得太凌空了，毫無落腳處，因此一摔下來，便摔入無底深淵，反而連小乘都不如，這正是後代所謂的狂禪。

五、化理入情

以我個人的淺見，這個「情」字是可以「了」，而又是「了」不得的。我所謂可以「了」，是指人性中那些最粗俗的情感，如肉欲、占有欲等等，這些也就是佛家眼中的「情」。對於這種「情」，我們是必須加以淨化的。而我所謂「了」不得，乃是指人類的感情意識，不是一刀就可以兩斷的，因為人性中有許多情感是非常精粹的，如慈愛、友情等，雖然這些情感有時也會導致我們去痛飲苦酒，但它們的存在，卻是人性的光輝，儘管光輝不到之處有黑暗，但我們總不能因噎廢食，連光輝也要一齊躲避。所以我覺得在化情入理之後，更應化理入情，這樣才能情理雙融，而不致落於一偏。

所謂化理入情，正如〈中庸〉上所謂「極高明而道中庸」，這固然是儒家所標榜的，但在佛家的學說中也曾強調過；如六祖慧能所說：「佛法在世間，不離世間覺，離世覓菩提，恰如求兔角。」及地藏王菩薩所說：「地獄不空，誓不成佛。」從這些詩偈中可以看出，佛家也是講救世，也是有熱情的。只是後代許多佛門子弟，不了解菩薩心腸，徒然高唱斷情，而不知去化情。因此使得延續了二千多年的佛教，到了今天，仍然只是披袈裟，敲木魚，唸「阿彌陀佛」而已。

今天，要使佛教產生一種左右人心的力量，深入社會中去扶衰振

弊，我認為首先必須在佛學理論中注入這個「情」字。使大家能夠正面的去淨化它，去提昇它，這樣才是最徹底的大乘佛法。

中華民國五十四年講於中國文化學院慧智社

哲學的人生觀

自民國初年以來，常聽到「科學的人生觀」這一名辭。當然這是為了推崇科學，因此把人生觀也科學化了。

什麼是科學的人生觀？在民國十二年間，許多學者如張君勱、丁文江、梁啟超、吳稚暉等先生曾引起一場科學與人生觀的筆戰。後來亞東圖書館把所有這方面的論文收集起來，編了一本《科學與人生觀》。胡適先生曾為該書作序，在〈序言〉中，他把科學的人生觀歸納為十點，主要的觀點是認為：

一、宇宙中萬物的變遷是自然的，生物的競爭是殘酷的，並沒有超自然的造物者及「好生之德」的主宰。

二、人和動物只有程度的差異。人類的道德禮教都是變遷的。

三、小我是要死滅的，而人類是不朽的。「為全種萬世而生活」才是宗教。至於那些祈求天堂、淨土，乃是自私自利的宗教。

由以上三點看來，胡適的所謂科學人生觀，無非是借近二三百年來科學方面的研究以攻擊傳統的宗教和禮教罷了。

其實，這種人生觀並不科學，因為真正的科學精神是直探真理，而這種人生觀乃是受科學中的某一派學說——生物進化論——所影響下的一種偏差的看法。生物進化論就其對動物的研究來說，還有它科學上的根據，如果拿它來解釋人生，卻是扞格不通的。胡適先生要「為全種萬世而生活」的理想是不錯的，但他根據生物進化論，而否定了人類向上的一路——超自然的天道，及內在的一面——不朽的良知，卻使人類永遠拘限於小我，而無法化小我為大我。

小我是會死滅的，大我卻是不朽的。但小我之所以能促成大我的

不朽，參與大我的不朽，顯然在他會死滅的軀殼之內，還有不朽的特質。如果按照生物進化論的看法，認為人和動物只是程度的差別，那麼人便永遠無法從物性中脫穎而出。

國父把宇宙的進化分為三期，一是物質，二是物種，三是人類。顯然人本是從生物進化而成，但進化到人類期之後，我們已完全擺脫了物性的束縛，可以過人性的生活。而今天世界上還有戰爭，社會上還有變亂，乃是人類進入人性期不久，物性的劣根猶存。將來進化成熟之後，自能摒除物欲，完全進入人性的境界。這也就是說人類在發展開始時，和動物只有程度上的差異，可是當人類發展成熟之後，我們重理智、有性靈、講道義。與動物相比，可說完全是另一種類別了。所以孔子才嘆說：「鳥獸不可與同群。」方東美教授在〈從比較哲學上曠觀中國文化裏的人與自然〉一文中也說：「亞里士多德所謂『人是理性的動物』這句名言頗有語病，因為人已完全超越了獸性的限制，了解他是受到無窮創造的神性的薰陶，他已被視為能與天地參的一員了。」

這就是說今天我們再不能以生物進化論的觀點來看人生了。胡適那種以生物學為根據的科學人生觀，也將隨著生物進化論學說的衰退而衰退。今天我們要重建以人生為本位的人生觀。這也正是我所以要談談哲學人生觀的唯一動機。

什麼是哲學的人生觀？它和科學的人生觀有什麼不同呢？我們先從其間的不同說起：

一、科學的人生觀是工業社會的產品，它講究的是真，是現實，

是效率。它所接觸的都是科技的產物，因此它的見解也就為科技所左右。哲學的人生觀是從農業社會長期孕育出來的，它所講究的是美、是自然、是生生。它所接觸的都是從泥土裏長出來的生物，因此它的心境能天人合一，物我同體。

二、科學的人生觀乃是以科學為主體，只講出我們如何才能合乎科學，要求人生必須有計劃、有條理，必須能適應變化的環境。哲學的人生觀乃是以人生為主體，只講究我們如何才能充實人生，要求人生必須有意義、有價值，必須能臻於至善。

三、科學的人生觀只是從一個物理的觀點去看人生，就像邏輯實徵論一樣，認為只有通過他們的驗證才是真理。而哲學的人生觀卻不然，它是站在高處看人生、站在遠處看人生、站在反面看人生，最後，又站在人生的內部看人生。所以科學所看的人生是板滯的、清一色的；哲學所看的人生是有生命的，多彩多姿的。

比較了科學與哲學的人生觀之後，現在讓我們直接來談談什麼是哲學的人生觀。當然仁者見仁，智者見智，每個人所見的人生觀各有不同。而在這裏，我所謂的哲學人生觀並不是我一人的發明；只是把中國哲人們追求人生理想所運用的方法加以歸納而已。

我認為哲學的人生觀有兩個方面，一方面是求大，一方面是處小。

所謂求大，是追求大人的境界，按照《易經‧乾卦‧文言》所描寫的境界是：

夫大人者，與天地合其德，與日月合其明，與四時合其序，與

　　鬼神合其吉凶。

　　這話並無虛玄之處，只是指大人的德性像天地那樣的深厚；智慧像日月那樣的明澈；行為像四時那樣的自然有理；處事像鬼神那樣的能避凶得吉。然而要如何才能成其大呢？細分起來，有五點：

(一)能高——心境高

　　《孟子》書中曾描寫孔子登東山而小魯，登泰山而小天下。我們如要不流於淺陋無知，便必須往上爬得高。高，不僅使我們了解以前看法的錯誤，同時也可以看出前途的峰迴路轉。

　　近代有許多學者認為形而上和宗教，都窒息了人性，貶低了人的地位。其實今日思想界的支離破碎，人心的惶惶不安，就是由於形而上學的沒落和宗教的軟弱無力。對於心境高者，形而上學和宗教，非但不是阻礙；反而是一枝通天的梯子，使他們能直上雲霄，逍遙而遊。

(二)能深——見解深

　　今天在科學技術的大量製造下，什麼東西都是加速的完成，像來亨雞似的，一針就長大，一針就多生蛋，可是卻中看不中吃。然而不中吃的，又豈是來亨雞？那些美國式的只為了續聘，為了補助而剋期完成的論文；以及深居於鴿子籠似的公寓內，向壁虛構的愛情小說；還有那散文尚沒有寫通，便大量製造出來的夢魘似的現代詩，不也都是患了膚淺的時代病嗎？

　　想想看，老子一生只寫了五千字的《道德經》，曹雪芹一輩子也只完成了大半部《紅樓夢》。雖然量不多，然而卻都是不朽的傑作。一套思想的完成，一部小說的製造，必須有長期的人生體驗。而且要能不為名，不為利，完全由衷而發，才有深度可言。今天知識傳播得很快，我們幾乎都是現學現賣，甚至為賣而學，試想這樣學來的東西，會有深度嗎？

㈢能遠──目光遠

　　今天是個現實的社會，尤其生活在城市裏的人，住的是鴿子籠，走在路上到處是人碰人，耳濡目染的都是那些勢利的看法，物欲的追求。對於任何問題，離不了金錢，離不了職業。就拿目前一般青年來說，由幼稚園、小學、國中、高中，讀書的目的，就是為了進大學。大學的選系，美其名曰興趣，十之八九卻是為了出路。為了出路，本無可厚非，但出路有好幾種，如：

　　1.畢業後有一個可以餬口的職業。

　　2.所學這一系現在雖冷門，但將來卻極有發展。

　　3.所學和興趣配合，將來能發揮一己的優點，以開創事業。

　　4.所學的，能夠配合國家的需要，甚至人類的需要以貢獻自己的才能。

　　可是一般學生所考慮的，多半是第一點。今天大學裏，男生們都擠向醫科工科，而文科法科卻變成了女生的天下，這就是目光短淺所造成的偏差。對國家來說是一大損失；對個人來說，往往埋沒了自己

真正的才能。

㈣能廣──知識廣

今天的社會，一方面是知識的爆炸，琳琅滿目；一方面是職業的分工，學業的專精。因此每個人只能對他所研究的一小部門有心得，而對於其他的知識是毫無所知，他們都是從電視、報紙，及一些刊物上得到一點皮毛性的常識，由於是皮毛的，因此往往似是而非。

今天一個學文學的人，不懂哲學、歷史；學歷史的人，不懂哲學、文學；學哲學的人，不懂文學、歷史，這是常見的事。其實在我們古代，文史哲本不分家，可是今天卻形同陌路，更何況理、工、醫、農等科。

每一位剛踏入知識領域的青年，都應該儘可能的把知識的基礎拓寬。在自己的專科之外，至少找一二門有興趣的學科，不是作皮毛的涉覽，而應作有深度的研究。這樣也許可以補救自己在學識上或心理上的許多偏差。

㈤能容──心量寬

江河不擇細流，才能成其大。我們無論為學、處事、待人，都要心量寬大。

〈大學〉篇中曾引證〈秦誓〉說：

若有一個臣，斷斷兮，無他技，其心休休焉，其如有容焉。人

之有技，若己有之，人之彥聖，其心好之，不啻若自其口出，
實能容之，以能保我子孫黎民，尚亦有利哉！

在這段政治哲學裏，把能容的德性，看得比才幹還重要。因為即
使自己沒有才幹，只要能容，也就能運用別人的才幹。

但這能容，並不是思想上的麻木，更不是道德上的鄉愿，而是一
種智慧的流露。老子說：「知常容、容乃公。」前面〈大學〉裏的描寫
乃是「容乃公」的表現。而要達到容的心境，還須有「知常」的一段
工夫。也就是說要能知道宇宙變化的真常，我們的心靈便會開闊，無
所不包。對人來說，自能做到〈儒行〉篇中所謂的「外舉不辟怨」、「並
立則樂，相下不厭」；對己來說，一切的痛苦煩惱都視作因緣湊合，有
聚有散，便能了無罣礙了。

前面五點是講的求大，可是求大並非一味的誇大、自大。如果求
大是我們的理想，那麼它的工夫，卻在於處小。不能處小，也就無法
成其大。處小也有五個特色：

㈠能低──地位低

雖然，我們有求大的抱負，但在現實生活上，卻必須具有能低的
精神。

所謂低，是指地位的低。老子曾說：「江海所以能為百谷王者，以
其善下之，故能為百谷王。」

老子的話是借地勢的低，以說明聖人處謙卑的地位，而萬眾歸心。

至於低，除了在態度上能謙卑外，更要能安於地位的低小。像武訓一樣，是個乞丐，他在社會地位上可說是最低的了；然而他卻能興學，成為教育史上的偉人。

如果說，對於自己的職位小，地位低，而感覺羞恥的人，他的心境也就高不了。所以唯其能低，才是真正的能高。

(二)能少——欲望少

老子說：

> 五色令人目盲，五音令人耳聾，五味令人口爽，馳騁田獵令人心發狂。

今天的社會就是個五色、五音、五味雜陳的世界。許多工藝設計家製造了不少的奇技淫巧，在控制著我們。而我們之所以受控制就是為了一個欲字。記得有一首打油詩：

> 十畝良田丘溪水，家中妻妾個個美，父為宰相子封侯，我在堂上翹翹腿。

天下那有這樣如意的算盤。欲壑不僅難填，而且給我們帶來的是永遠的煩惱。所以對欲望來說，要少私寡欲。

㈢能待──待時機

〈儒行〉篇上說:

> 儒有席上之珍以待聘,夙夜強學以待問,懷忠信以待舉,力行
> 以待取。
> 愛其死以有待也,養其身以有為也。

這說明了我們在未被任用時,應不失意,不發牢騷! 也不多示攀援,以鑽營求進。我們只求自己有德有學,以待時機的來臨,再一展抱負。所以時機未到,則潛龍勿用! 時機一到,則有本領而飛龍在天。

㈣能曲──曲有誠

天下的事並非都是直線發展的,有時必須繞個彎子,老子說:「曲則全,枉則直。」孟子說:「天將降大任於是人也,必先苦其心志。」

這也就是說在人生的路途上,我們可能遭遇到許多挫折與阻難;但不要氣餒,應把一切的挫折與阻難,當作成功的磨石,以誠處曲,以曲通誠,最後精誠所至,必定金石為開了。

㈤能庸──道中庸

「庸」,就是〈中庸〉裏所指的庸,也就是指我們日常生活最平凡的事。莊子解釋這個「庸」字最為精要,他說:

> 庸也者，用也；用也者，通也；通也者，得也。

這是說最平凡的事，是最有用的，最普遍的，而且是使我們每個人都有所得的。譬如〈中庸〉上說：

> 君子之道，造端乎夫婦，及其至也，察乎天地。

夫婦的關係在中國哲學裏非常重要，是把它當作「道」來看的。「有夫婦而後有父子，有父子而後有君臣」。夫婦這一倫整頓好了，才能齊家、治國、平天下。今天西方社會，科學的人生觀都忽視了夫婦一倫，他們只有男女，而無夫婦，像佛洛伊德只以性去解釋一切，像許多生理學家，只以性愛的情結去看人生的行為。而不知真正的夫婦之道雖然奠基於性上，卻能使性昇華，以維繫父子、君臣的整個倫常關係。

我所謂能庸，就是要把工夫下在這些一般人忽略了的日常生活之德上，以健全我們的人格，以鞏固我們事業發展的基礎。

以上只是我個人透過哲學的觀點來看人生的處世之道。只是把中國古代哲人們在追求人生理想中，實際所體驗到的，拿來借花獻佛的貢獻給青年朋友們。我並不反對科學的人生觀，只是感覺科學的人生觀都是對事而言。忽略了人的生命及精神，使我們在這個科學文明的大觀園中迷失了自己。所以今天我特別在科學的人生觀之上，提出哲學的人生觀，也就是希望年輕的朋友們能重視自己的生命和人格，要

開展以自己生命，人格為本位的前途。

中華民國六十一年講於文化學院週會

大學生的人生觀

在我們談到大學生的人生觀之前，首先要看看今天的大學生有些什麼問題？在表面上，每天上課下課，看看電影，參加一些活動，好像毫無問題；但是錯綜在你們心靈中的，卻滿是問題。我們簡單的加以歸納，大約有以下各種情形：

1.所讀系科不合興趣。

2.系科是否有出路。

3.初嘗愛情的煩惱。

4.出國或就業的種種困難。

5.要關心政事或埋首讀書。

這些問題，只要你一進了大學之門，便會像浪潮似的，一波又一波的滾了過來，如果你把握不定，便會被浪頭淹蓋住，不能自拔。但這些問題之所以成為問題，乃是由於它們本身有著不易調和的矛盾。譬如父母親希望你攻讀的系科，你自己沒有興趣；而你自己喜歡念的那一系，卻又是出路不好。在學校談戀愛嘛，既沒有錢，又沒有時間；可是在學校不談戀愛嘛，將來又找不到好對象，不免要拉警報。大家一窩蜂的都要出國，你不出國嘛，好像沒出息；可是出國嘛，又要去替別人洗盆洗碗，苦不堪言，甚至婚姻問題還不能解決。專門讀書，而不關心政事嘛，豈不是辜負了國家的培養，抹煞了自己的雄心；可是關心政事嘛，學識淺陋，又不知從何談起。你看看某雜誌上，那些年輕朋友們在高呼自由，要參與政事，使你也有點躍躍欲試；可是你再看看某副刊上的〈一個小市民的心聲〉，對大學生運動的批評，又使你猛然被澆了一盆冷水，涼了半截。在這種種的矛盾中，使你們感覺

很痛苦、很煩惱。可是還有些心理學家，硬是把他們的學術心得建築在你們的痛苦上，在報紙上公開宣布，說你們的神經有百分之八九十都有毛病。其實，你們本來沒有什麼大問題，經他們這樣一渲染，疑神疑鬼的，也就真個生起病來了。

今天對於這種種的問題，由於它們都是特殊性的，我無法在這裏和各位一一分析，但以我的看法，這些問題之所以變得如此的矛盾，主要是今天教育上產生了問題。本來，從小學到中學，是你們心身兩方面發展最重要的階段。就你們的身體來說，今天有各種維他命和營養的物質，使你們能加速的成熟。就你們的知識發展來說，今天有各種傳播工具，如電視、書刊等，使你們懂得更多。這些本來都是有利於你們的；可惜，今天在教育上，只重填鴨式的灌輸，只重知識技術的傳授，並沒有正確的指導你們如何去消化這些知識。於是在中學生的腦海裏，都是些一知半解、自以為是的看法。但在中學的階段，由於聯考的壓力，使你們透不過氣來，因此還沒有時間去作他想。可是到了大學，聯考的壓力一除，海闊天空，任你們翱翔。你們是自由了，可是卻缺乏自由的本錢。茫然不知何去何從。

譬如我有一位朋友的孩子，是一所很著名的中學畢業，考入了最好的大學，由於時間比較空閒，喜歡閱讀新潮派的小說，最近有點神經兮兮的，有一天，我碰到他，他正在看存在主義的一本小說，我便問他：「存在主義追求的是什麼?」他回答說：「是從傳統及社會的枷鎖中掙扎出來，追求絕對的自由。」我再問他是否照著去做過。他說曾經試過，但卻得不到一點自由。於是我便告訴他說：「從前有一個人想『忘

我」，拼命的學打坐，後來有一天，他打坐時，真的忘了『我』，嚇得他大叫救命。因為這時他空空洞洞，一無所有。」同樣，絕對的自由，也並不是我們想像的那樣自由。譬如你們忙了六天，到了星期假日，便覺得很自由、很適意，因為這是努力的代價，辛勞的成果。相反的，假如一個星期七天都很自由的話，你們真會感覺舒服嗎？一點也不，因為那是失學、那是失業。要知道莊子講逍遙，佛家講自在，都不是憑空可得，而是經過了不斷的磨鍊，吃過了不少的苦頭才得到的。聽了我這番話後，他就不再看這些小說了。他現在生活得非常愉快。絕對自由對於他已經再也沒有吸引力了。

我之所以舉這個例子，就是為了要說明今天大學生之所以有這些問題，乃是由於他們在中學時沒有好好健全自己的觀念；到了大學，又沒有好好充實自己的思想，因此遇到了問題，便亂了方寸。孟子曾描寫他的不動心是由於具有浩然之氣，而浩然之氣是集道與義而來的。也就是說：如果能真正的先健全道德，培養出這種至大至剛的氣概，即使遇到了這些問題，也不會使自己有任何的動搖。所以今天我不直接去談你們所遭遇的問題，而從根本上談談立德的教育。

這種立德的教育，就是要我們先注重人生觀的建立。中國古代的教育早已注意到這點，儒家在《禮記》中有兩篇文章，可以說最適合於培養從中學到大學這一階段學生的人生觀。一篇是〈大學〉，一篇是〈儒行〉。前者講原則，後者講細節。現在我們就以〈大學〉為主來談談這些問題。

朱子認為大學是大人之學，是初學入德之門。所以正好適合於你

們，因為你們現在正是大學之生，正要學做大人。大學之道的三綱是「在明明德」、「在親民」、「在止於至善」。「明明德」是要我們光明其內在本具的德性；「親民」是要我們發揮此德性，以兼善天下；「止於至善」是要我們使此德性能通乎天理。由此可見古人的教育，首重德行。因為充實了德行之後，再吸收知識，便會中心有主，能消化知識，運用知識，而不為知識所役。這種先立德，再求知的方法，也正是孟子所謂的「先立乎其大」。這種「立乎其大」的精神，是孟子的人生觀，也是中國傳統哲學的人生觀。

你們是大學生，大學生和中學生、小學生，都是學生；但不同的，就在這個「大」字。你們既然在頭上掛了個「大」字，就該有名有實的做到「大」字。今天和你們談大學生的人生觀，就從這個「大」字上談起。

首先，我們要了解什麼是大。孟子說：「充實而有光輝之謂大。」充實是指德行和知識兩方面的完滿；有光輝是指充實之後，能產生德行和知識兩方面的力量，有光有熱，為人類造福，這樣才配稱為大。套用一句話，即內聖而外王。現在，我除了大學的三綱——大學之道，在明明德，在親民，在止於至善外，再草擬一個新大學三綱——大學之知，在明明理，在成物，在止於至真，來說明今天大學生應有的人生觀：

一、在德行上：要有三能

㈠能破小以立大——明明德

在儒家來說，破小就是擺脫物欲；立大就是尊重義理。譬如《孟子》書中，提到公都子曾經問孟子：大家都是人，為什麼有大人小人之分？孟子告訴他：「從其大體為大人，從其小體為小人。」所謂大體就是指義理，小體就是指官能之欲。

在佛道兩家來說，破小就是打破現象的相對性，立大就是追求心靈的絕對自由。譬如《莊子・逍遙遊》一開始便揭出一個大鵬的境界，一飛沖天，反而為小知小見的麻雀所嘲笑。這寓言也就是告訴我們要達到大的境界，必須打破小知小見。關於小知小見的形成，《莊子》書中分析得很多，如拘限於生死、是非、成毀、榮辱、禍福等相對觀念中，不能自拔，便永遠無法窺見宇宙之大，逍遙之樂。

這種破小立大的工夫，對你們來說，就是要把目光放大，心境提高，不要以肉體的享受，一時的快樂為足，也不要以物質的貧乏，一時的挫折為苦。能這樣，心胸自然開闊，還會被系科的出路所煩惱嗎？

㈡能化小以為大——親民

這裏所謂小，是指的私；大，是指的公。

人不是神仙，不可能十全十美。當然也不可能完全沒有私心。這個私心雖然使我們變得「小」了，但人經過道德的修鍊，卻貴能化小以為大。

儒家承認人都有其私，但著重在一個推字。譬如父母與子女之間本是私情，父母之愛子女，與子女之孝父母也都是一種私心。如果只限於這種私情和私心，便會損人利己，便是一種「小」。所以儒家要我們推愛和推孝，所謂「老吾老以及人之老，幼吾幼以及人之幼」，這樣便能轉私為公，化小為大，而兼善天下了。

這一點對你們來說，就是要在想到自己的時候，也想想別人。某次，有位同學的心得報告中，提到仁字的一個含意是捨己為人。當時我就告訴他用這個「捨」字不甚好，儒家的仁，是要我們立己立人，達己達人的，所以不是捨己，而應該是成己。雖然儒家有殺身成仁的話，但殺身是為了成仁，也就是為了成己。也許你們自以為沒有聰明，沒有才幹，成不了大事。但沒有關係，只要你們有這點推己及人之心，隨時不放過任何一個替人服務的機會，你們便能化小為大。

㈢能居小以成大——止於至善

止於至善是指：一方面我們求善之心要永無止境，一方面我們做任何事都要唯善是依。因為我們在生活上，並不一定都能當權得勢，

高人一等。但要知道，即使我們所處的是最低的地位，只要能堅守崗位，善盡其責，便是成色十足的大人。

我們看電影或小說，知道主角並不一定是扮演身分地位比較高的人，而是戲演得最吃重的人，同樣在我們的生活舞臺上，自己永遠是演得最吃重的唯一主角。所以我們要把握這個機會，要演得有聲有色。像武訓是個乞丐，猶能名垂千古；更何況諸位，還是「大」字號的人物呢？

二、在知識上：也有三能

㈠能見小以知大——明明理

在求知上，胡適先生要我們大膽的假設，小心的求證。小心求證固然很好，但大膽的假設在小心求證之前，便出了問題。因為大膽假設之後，心理上便會有偏差，於是所找的證據，都是對自己有利的，而根本忽略了不利的條件，就像孟子講性善，荀子講性惡一樣，固然他們都有其深長的用意，但為了證明自己的理論所找的證據，卻都是對自己有利的。

現在我講見小以知大，和胡氏的方法不同，我所謂見小，乃是認清事理之精微；而知大，乃是了解事理之融會貫通。今天在自然和社

會科學上，對於事物的分析，固然極盡細微之能事，可是卻往往不知大，不能融會，不能貫通。達爾文的生物進化論和佛洛伊德的唯性觀，都是犯了這個毛病。他們的確找出了許多證據，也的確能善盡分析之能事，但可惜他們不知大，輕視人類的精神生命，忽略了社會的道德意義。

我所以說見小以知大在明明理，就是一方面指精微之理，一方面也是指光明之理。

㈡能慎小以治大──成物

老子有句政治的名言是：「治大國若烹小鮮。」小鮮就是小魚。我們處理小魚，不能動刀去刮牠的鱗，剖牠的肚，因為牠小得無鱗可刮，無處可以遊刃；也不能用烈火去猛炒，因為一炒就焦，就爛。所以只能用溫火去烹。這烹小鮮的方法，就是要我們把握住事物的性能，順其條理加以發展。

道家講無為，並非什麼都不作，而是「為之於未有，治之於未亂。」也就是在小處把握其性能，加以疏導，便不會變成大問題。而儒家也講過無為，孔子讚美舜的無為而治是「恭己正南面」，恭己就是誠意，誠意重在慎獨，也就是在小處不放鬆，不大意，這樣才能推至誠之心，而能成物。所謂「誠者，非自成己而已也，所以成物也。」

㈢能反小以歸大──止於至真

我們所研究的理，有物理、事理、法理、天理。而物理、事理、

法理，都是就各別的物、事和人來論，都有其時空性、特殊性，所以是小。但天理，卻超越了時空，超越了殊相，而能包融萬物，貫通萬事，所以是大。這一切的物理、事理、法理都應以天理為依歸，否則便會有所偏失。

譬如美國有家杜邦 (Du Pont) 公司的年輕科學家，名叫卡羅州 (W. H. Chrothers) 發明了人造纖維的化學方程式，可惜這個方程式，還沒有達到完滿的境地，而該公司的主持人，為了生意的競爭，便不顧該科學家的抗議，而把方程式拿去申請專利，製成了今日市面上大家所用的「尼龍」，由於該方程式還未研究得完善，所以尼龍對人體尚有許多流弊，該科學家氣憤之餘，便自殺了，這位科學家的自殺，正說明了他研究物理的精神，是要止於至真，上達天理，所以他的死是死於良知，而他的慧命，也是活於他的良知。

今天，我們研究任何學問，無論是物理、化學，無論是法律、商業，無論是文藝、哲學，不要以為得到了某些發現，有了一點成就便沾沾自喜。譬如在文藝上，你有了一本成名的作品，千萬不要以此為足，你還須捫心自問，你所寫的是否出自真情，是否對社會人心有益，你要不斷的檢討、琢磨，才會有更大的成就，否則故步自封，就是莊子所謂的「道隱於小成」。我們必須捨小成才能證大道。這樣止於至真，同時，也就能止於至美，止於至善了。

最後，歸結剛才所講的，我認為今天的大學生，無論在德行和學業上，都必須充實自己，以成大器。但「大器晚成」，成大器並非一蹴可幾，而是必須經過不少的磨鍊和考驗的，尤其最重要的是不應只為

了個人，因為個人本身限於形軀，就是小，成來成去，也只是小成，也只是小器而已。所以在成大器的途程上，我們不應只為自己開路，而應為人類著想。宋代的理學家邵康節臨終時，程伊川在旁問他有什麼遺言，康節舉起了兩手，伊川不懂，於是康節便說：

　　面前路徑須令寬，窄則自無著身處，況能使人行也。

　　諸位，將來你們都是學術的先鋒，社會的領導者，希望你們好好體會這個「大」字，不僅為自己的前途開出一條大路，更應為全世界的人類開出一條光明的大道來。

中華民國六十年講於文化學院週會

使哲學影響人生的四大工夫

今天我們就人生哲學來談談，要使哲學能影響於人生，必須具有四個工夫，就是「能思」、「能文」、「能言」、「能行」。

先談「能思」。

哲學本是思考之學，當然它的第一個最起碼條件是要我們「能思」。

也許有人會反問說：「我們有這個腦袋就自然的會思想，這又算得了什麼本領呢?」其實不然，我們雖有這個會思想的腦袋，卻並沒有好好的去利用它。譬如拿一天的生活來說，從早晨起床，到深夜入睡，其間如吃飯、趕車、上課、工作、閱報、看電視，不是習慣性的動作，便是被外在的事物牽著鼻子走，根本就沒有空閒去想。一天的生活如此，一月一年的生活也無非是一天的無數個翻版，這樣下來，我們便只會習慣性的生活，而不會思想。當然有時我們也會在萬忙之餘，靜下來想一想，但想到的，無非是因生活壓迫所作的某些反應而已，不是像夢一樣的胡思亂想，去補償現實得不到的東西，便是挖空心思，去作第二步在現實上追逐的準備。總之，這些都是使我們的思想變成習慣和欲望的奴隸，而不是我所謂的「能思」。

我所謂的「能思」，是要使我們的思想成為主人，去參這個人類問題的大公案，記得無門和尚描寫禪宗參悟的功夫曾說：

> 將三百六十骨節，八萬四千毫竅，通身起個疑團，參個無字，晝夜提撕，莫作虛無會，莫作有無會，如吞了個熱鐵丸相似，吐又吐不出，蕩盡從前惡知惡覺，久久純熟，自然內外打成一片，如啞子得夢，只許自知，驀然打發，驚天動地，如奪得關

> 將軍大刀入手，逢佛殺佛，逢祖殺祖，於生死岸頭，得大自在，
> 向六道四生中遊戲三昧，且作麼生提撕，盡平生氣力，舉個無
> 字，若不間斷，好似法燭一點便著。

固然我們不必像禪宗一樣去參個無字，但那種吞熱鐵丸似的苦參，正
是我們訓練自己去思想的最好榜樣。我們要把今天人類文化問題，國
家復興問題，以及自己遭遇到的許多問題，放在心中，時時去想。雖
然「思而不學則殆」，我們今天學識不夠，無法得到答案，但只要把它
們放在心中，為了吐出這顆熱鐵丸，自然會壓迫我們去學，因此總有
解決的一天。

　　記得在我研讀中國近代學者的著作中，有一本令人感觸很深的書，
就是梁漱溟的《東西文化及其哲學》，雖然這本書離現在已有五十餘年
的歷史，其中許多看法也未必為我們所同意，但讀了該書，使我們感
受到作者對中國文化前途的那點憂患意識，使我們感染到作者謀求中
國問題解決的那分痛苦的熱情。自五四運動以來，固然有許多左傾的
言論害慘了我們，但也有不少有心人士的呼籲，足以使我們聞風興起。
今天很多人都指責近幾十年來，我們的學術界交了白卷。其實這都是
講風涼話，即使五四運動以來，對於中國文化發展的這一棒，接得不
夠高明，但那些有心人士的思想，還是針對著問題，而且有極大的熱
情，今天我們必須把他們漏失的棒子撿起來，再跑下去。豈能再站在
那兒作無意義的怨尤，或拋開他們不管，仍然像清代學者一樣，埋首
於那些不切實際的注疏工作。（當然這些工作也必須做，但如果整個學

術的大動脈在此，我們的學術便沒有生氣，沒有出路。）所以我們要「能思」，要把前人留下的這些問題，以及當前如何謀求發展的問題好好想一想，撿起前人漏失的棒子，再努力的跑下去。

其次，我們談到「能文」。

有一次，師大某教授為哲學下了一個幽默的定義說：「什麼是哲學？哲學就是哲學家們把一句容易懂的話，說得別人都不懂的一種學問。」這雖是一句戲語，但卻透露了一個事實。今天許多學者的確是把哲學弄得過分虛玄了。

然而是否哲學本身就是那麼虛玄令人不可捉摸呢？其實並不如此。哲學探索的對象不外於天道和人道，縱使道體方面非常精微，但以人智去詮釋，寫出來的東西，總該是大家可以領會的。以我的看法，今天一般把哲學弄得令人不忍卒讀的原因並不在於理境的高超，而是在於文字表達得不夠明白。試看我們中國古代的哲學，無論是儒家、道家的著作，都是淺顯明白，文字優美。《論語》、《老子》是中國最美的小品文，《孟子》、《莊子》是中國第一流的散文。今天我們對於這些著作，即使有不解的地方，但那都是由於文字流傳上的抄寫之誤，並非他們在表達上的不清不白。後來印度佛學傳入中國後，由於印度佛理的玄遠艱深，印度文字的拖泥帶水，以及加上翻譯本身的許多困難，曾經一度把中國佛學的著作弄得令人莫測高深。不久，禪宗興起，針對傳統佛學文字的繁瑣，而提出「不立文字」的主張。我們如果把禪宗「不立文字」的動機，說得淺顯一點，也就是他們以為既然文字不能完全表達道體，那麼與其在文字上繞圈子，令人看不懂，還不如不

用文字，直接去印心。所以我們深一層去看，禪宗也是主張文字要寫得明白易懂。試看慧能的《壇經》，文字樸素明朗，沒有一處是費解的，至於後來大禪師們的著作，如黃檗的《傳心法要》、永嘉的《證道歌》等，沒有一篇不是文采優美，理路清晰的。直到西方哲學傳入中國後，由於翻譯上的困難，再加上近代許多作者喜歡玩弄術語，及文字表達上的欠講究，因此又產生了許多令人望而卻步的著作。其實拿西方哲學來說，影響力大的哲學家，在文字上也都有爐火純青的工夫。如在希臘時期柏拉圖的文字之美，近於詩體。至於亞里斯多德的著作雖然時有文句艱澀的現象，但今天流傳下來的都是他的演講稿，並未經過他自己修飾。而最近發現他手著〈雅典憲法〉一文，便是文字流暢而易解（參見謝幼偉教授《西洋哲學史》）。近代啟蒙的哲學家，如笛卡兒、培根、洛克、休謨等，文字也都是非常流暢明達。至於現代哲學中，在文字上表現得最好的要推柏格森了，試看吳師敬軒教授對柏氏文采的一段描述：

> 柏格森則以華妙之辭，述深湛之思，哲學而兼文學之作，故能風行遐邇，人手一編，文字之美，亦可以助其學說之遠播也。柏氏書，造辭精微簡鍊，有似其先輩雷怒威，而婉妙跌宕，蓋又過之，試取柏氏《意識之直接與料》，與雷氏《名學通論》，比較讀之，即可見其工於文事，意態相似，而又不盡同也。柏氏稟賦絕人，博聞強識，於古典文學，寢饋尤深，在巴黎高等師範學校肄業時，聞能背誦拉丁詩聖維吉爾全集之大部分，一

九三〇年得諾貝爾文學獎金之際，其少年同學雷威勃柳嘗為文述其事，稱柏氏為博學多通，罕與倫比云。

由此可見文字之美，實有助於思想的傳播。在這裏也許有人要反問，像康德、黑格爾等人的文字，都以生澀著名，為什麼他們的影響卻又是如此的大呢？其實康黑兩氏的影響力乃是得之於他們哲學造詣的高深，至於文字方面的生澀，也未嘗不是他們的白璧微瑕，至於後人接受他們的思想也決不是在於他們的難懂處。像上帝那樣的高明，如果他表達愛的方式令人難懂的話，我相信也不會有那麼多人信仰上帝了。

因此我們今天研究哲學，必須能文。學文不僅可以美化我們的情感，而且也可以訓練我們的思想，使其有理路，有系統。尤其在今天這個文化交流的時代，這個人們需要哲學，而又對哲學的艱深望而生畏的時代，我們即使認為文章乃雕蟲小技，也應以慈航普渡的心情，把難懂的哲理，用易懂的文字表達出來。我們可以肯定的說，一篇文字好的作品，固然不一定具有深度的哲理，但一種哲理，如果真是圓融不朽的真理的話，不僅一定可以表達得別人易懂，而且可以成為一篇極具文采的不朽之作。

接著我們再談談「能言」。

本來治哲學，除了思想方面的研究外，再輔之以文，也就夠了。但在今天的處境，我們還必須「能言」。

在孔門的教育中，就有「言語」一科，可見儒家對言語的重視。我們中國的哲學家們，除了少數幾位，像韓非有口吃之病外，幾乎都

是能言善道者。拿孔子來說，周旋在幾十個門生之間，對他們的問題，按照各人的性情志趣，一一予以不同的指點，當然在言語上是有一套誘人的工夫。不然別說是三千門徒，就連一個子路，恐怕也服不了。雖然孔子重在以德服人，但子路是個非常會纏的人，見孔子拜訪南子，便不滿；見孔子談正名，又以為太迂；見孔子在陳蔡絕糧，又有牢騷。因此對付子路是必須要有一套辯才才能使他折服的，而孔子在這方面的表現，也令人激賞。後來儒門中出了個孟子，使儒家思想在諸子百家的重圍中脫穎而出，我們試看他和各派思想家答辯時的反應之快，詞鋒之利，實在令人嘆為觀止。而這時活躍在思想界的，也都是些能言善辯之士，像莊子和惠施的濠梁游魚之辯，已成為千古的絕唱。從那段對話中，不僅辯明了道名兩家的旨趣不同，而且更襯托出莊子思想的高超絕俗。再看後來的佛家，支道林的「才藻新奇，花爛映發」，使得王羲之「披襟解帶，留連不已」。道生的善於說法，使頑石點頭。玄奘的辯才無礙，使得當時印度各國的君臣們跪地相迎。甚至「不立文字」的禪宗，他們固然提倡無言，而他們之能言，實在可以配稱為世界上最有藝術的演說家。

　　不過我這裏所謂的「能言」，不是指孔子眼中的「巧言」，蘇格拉底眼中的辯者 (sophist)，以及「雞三足」、「卵無毛」的名家之流；而是指像孟子一樣「正人心，息邪說」的仁者之言。

　　在一個時代中，如果思想家們都沉默不言，這一定是個板滯的時代；如果思想家們都拙於言辭，敵不過那些迷惑人心的偏激之言，這一定是個危機的時代。愛因斯坦某次遇到一位有學問有地位的人士，

當愛氏熱心的談到如何解救人類文化的危機時，那位朋友卻說：「你為什麼對於人類的消失這樣深具反感呢?」這種對人類前途漠不關心的態度，使得愛氏感慨萬千。的確，在今天這個危機重重，人欲橫流的時代中，我們這些研究哲學的人，又怎能再忍心躲在象牙塔內閉門造車，而不出來高豎人道的旗子，發出正義之聲呢?

我們研究哲學，不只是為了懂得古人的思想就算了，而是要把古人的經驗拿來作為救世的木鐸。但這個木鐸必須敲得響，否則又如何能警世呢? 今天我們提倡文化復興運動，不只是影印幾套大部頭的古書，或請幾位宿儒作幾次演講就夠了。我認為這一運動如果真能產生力量，必須運用青年人的活力來推動。而要運用青年人的活力，應注意兩個先決的條件，第一個條件就是向青年宣揚中國文化的偉大時，不能自拉自唱，要說得青年人心服，要把這個火種放在他們的心中，讓他們自己感覺有此需要，而自願去發揚。第二個條件就是要積極培養一批對中國文化有深刻體認，而又有極好口才的青年，以承擔道統的發揚。唯有這樣文化的復興才能在青年人當中植根，才有永遠不滅的活力。

孟子說：「余豈好辯哉，余不得已矣!」今天我們也就是為了「不得已」，而要強調「能言」。

最後，我們再談談「能行」。

在世界哲學裏，中國哲學是最平易的。但最平易，並不見得就是最好懂。當然，如果所謂好懂僅是就文字上的解釋的話，那麼中國的哲學確實是較為易懂的，因為我們的哲學家們本來就有意要在文字上

作施捨，讓大家易懂。但如果所謂易懂是就對思想本身的真切體驗的話，那麼中國的哲學卻並不是那麼容易就能懂的。

拿《論語》一書來說，我們在高中時都讀過，對於字句的解釋並無困難，但我們對它的了解仍然只屬於字面的意義。譬如孔子談到孝字，說：「色難。」對於這兩字，我們都會解釋。然而是否真正了解這兩字和孝道的關係呢？卻不見得。因為在家中，也許我們壓根就沒有過這種經驗，甚至今天許多做父母的還要向兒女去「色難」。試想在這樣的情況下，我們又如何能了解「色難」。因此在高中讀《論語》只是字面的懂，將來我們到了社會、成了家、立了業，對於《論語》中所講的義理，有一分體驗，才有一分真了解。這時，才算是真懂。所以要真正體悟中國的哲學，除了知的認識之外，更必須行的體驗。沒有經過「行」的歷程，非但知得不真切，甚至在中國哲學家的眼中，那根本是一種無知。試想一位對孝字能寫上幾十萬言論文的博士，如果他在家中從來也沒有對父母盡過一點孝心，這樣的人，孔子會輕許以「知孝」嗎？

試觀中國的哲學家，我們無論讀那一家的哲學，都可以從字裏行間，看出其為人。讀《論語》一書可以看到孔子一方面是諄諄善誘人的長者，一方面是知其不可而為之的勇者；讀《老子》一書可以看出老子一方面是恬淡無欲，有嬰兒之態的老者，一方面又是善於沉機應變，經驗豐富的智者。至於讀《墨子》，可以想見他那種為人類和平，弄得衣衫破爛，面目黧黑的情形；讀《莊子》可以欣賞到他那種悠遊自得，飄然若仙的神態。最有趣的是今天程明道和伊川兩夫子的許多

語錄常常沒有具名，混在一起。我們可由他們已具名的語錄，想見其為人，而由其為人，更可以去劃分那些相混的語錄，凡是境界圓融，有仁者之心的多半屬於明道；意境肅穆，有智者之明的多半屬於伊川。由此可以想見中國哲人們，他們的「思」、「文」、「言」，與他們的「行」之間的水乳交融了。

　　至於西方哲學雖然多半是純知識的探討，但他們的著作和為人之間仍然有部分的相應。如蘇格拉底的思想完全是他為人的寫照。柏拉圖那充滿詩意的《理想國》內，可以看出他為人的富於想像，亞里斯多德那樣大規模的研究自然，也可以看出他為人的實事求是。尼采那種偏激的思想，就反映了他生活上的病態。沙特在小說中所表現的那套人生觀，也正是他哲學思想的投影。總之西方哲人的著作和他們的為人之間也有部分的相應。不過把他們比之於中國的聖哲來，卻往往顯出他們在品德方面的許多弱點。譬如羅素在《西方哲學史》中曾批評叔本華說：

　　　　除了對動物仁慈之外，很難在他（指叔本華）的生活裏找出任何具有美德的證據……。在其他一切方面，他是完全自私的，一個深切地相信制欲與捨執這種美德的人，竟然從未有嘗試把自己的信念付諸實行，那是難以相信的事。

牟宗三教授曾根據這段話說：

叔本華的確如此，許多西方哲人私生活的庸俗不下於叔氏。即羅素本人亦不能自外。羅素這話點出了西方哲人品德上的弱點，從而亦可從反面映照出中國聖哲既哲且聖或中國賢哲既哲且賢的優點。我們可以套用羅素的語言，說：典型的中國哲人，就是畢生嘗試把自己的深切信念貫注入全部行為的哲人。

我們是中國人，我們要做的是典型的中國哲人，所以今天我們研究哲學應特別注重一個「行」字。一方面要由行而入，從體驗中去領悟它的義理；一方面是由行而出，把它的義理，付諸實踐。

以上，我們所談到的「能思」、「能文」、「能言」，關鍵卻在於一個「行」字上。唯有「能行」，才能思得深切；唯有「能行」，所寫的文字才有價值；唯有「能行」，才有資格去言。希望我和各位在這方面都能時時提撕，互相勸勉。

中華民國五十八年講於文化學院哲學系

◎ 哲學在哪裡? 葉海煙／著

　　阿哲遇到了被教會開除的斯賓諾莎,這位虔敬者縱使只能靠著磨鏡片的卑微工作過活,也不願意放棄心中最堅定的信仰。在平原上,他聽聞了尼采對世界的熱情,便想拜訪他,卻沒想到在精神病的折磨下,尼采早已過世……。在咖啡屋,有人勾起阿哲「已被喝光的咖啡是否存在」的好奇心,他們又是誰? 到底還有什麼奇遇,等待著阿哲呢?

◎ 平等與差異──漫遊女性主義 劉亞蘭／著

　　老媽對家庭的付出,是愛的表現還是另類的被剝削? 如果生養子女是女人的天職,那男人呢? 本書從自由主義、馬克思主義、激進女性主義等觀點,帶領讀者一同了解哲學和性別之間的思辯過程。希望讀者朋友在了解女性主義者為女性發聲的奮鬥歷史之後,也能一起思考:兩性之間的發展、人與人之間的對待,是否能更和諧、更多元?

◎ 少年達力的思想探險 鄭光明／著

　　殘敗的燈火,忽明或暗。蕭瑟的街道,角落堆著垃圾,腐臭的味道撲鼻而來。建築物表面粗糙,鋼筋裸露,卻在牆磚隙縫裡冒出不知名的綠色植物,纖細的對稱葉片隨著強風顫抖,再一刻就要吹落……在這個世界裡,達力是否存在? 周遭一切會不會如夢如幻、只不過是惡魔的玩笑? 有什麼是確定的? 達力開始懷疑……。

◎ 思考的祕密　傅皓政／著

　　本書專為所有對邏輯有興趣、有疑惑的讀者設計，從小故事著眼，帶領讀者一探邏輯之祕。異於坊間邏輯教科書，本書沒有大量繁複的演算題目，只有分段細述人類思考問題時候的詳細過程，全書簡單而透徹，讓您輕鬆掌握邏輯。全書共分九章，讓您解碼邏輯，易如反掌！